Der Kompass zum perfekten Praktikum

Stephan Pflaum · Dirk Erfurth ·
Johanna Uitz · Michael Brielmaier

Der Kompass zum perfekten Praktikum

Stephan Pflaum
LMU München - Career Service
München, Deutschland

Dirk Erfurth
Ludwig-Maximilians-Universität München
München, Deutschland

Johanna Uitz
Ludwig-Maximilians-Universität München
München, Deutschland

Michael Brielmaier
LMU München - Career Service
München, Deutschland

ISBN 978-3-658-49222-9   ISBN 978-3-658-49223-6 (eBook)
https://doi.org/10.1007/978-3-658-49223-6

Die Deutsche Nationalbibliothek verzeichnet diese Publikation in der Deutschen Nationalbibliografie; detaillierte bibliografische Daten sind im Internet über https://portal.dnb.de abrufbar.

© Der/die Herausgeber bzw. der/die Autor(en), exklusiv lizenziert an Springer Fachmedien Wiesbaden GmbH, ein Teil von Springer Nature 2025

Das Werk einschließlich aller seiner Teile ist urheberrechtlich geschützt. Jede Verwertung, die nicht ausdrücklich vom Urheberrechtsgesetz zugelassen ist, bedarf der vorherigen Zustimmung des Verlags. Das gilt insbesondere für Vervielfältigungen, Bearbeitungen, Übersetzungen, Mikroverfilmungen und die Einspeicherung und Verarbeitung in elektronischen Systemen.
Die Wiedergabe von allgemein beschreibenden Bezeichnungen, Marken, Unternehmensnamen etc. in diesem Werk bedeutet nicht, dass diese frei durch jede Person benutzt werden dürfen. Die Berechtigung zur Benutzung unterliegt, auch ohne gesonderten Hinweis hierzu, den Regeln des Markenrechts. Die Rechte des/der jeweiligen Zeicheninhaber*in sind zu beachten.
Der Verlag, die Autor*innen und die Herausgeber*innen gehen davon aus, dass die Angaben und Informationen in diesem Werk zum Zeitpunkt der Veröffentlichung vollständig und korrekt sind. Weder der Verlag noch die Autor*innen oder die Herausgeber*innen übernehmen, ausdrücklich oder implizit, Gewähr für den Inhalt des Werkes, etwaige Fehler oder Äußerungen. Der Verlag bleibt im Hinblick auf geografische Zuordnungen und Gebietsbezeichnungen in veröffentlichten Karten und Institutionsadressen neutral.

Einbandabbildung: © Tom Merton/KOTO/ stock.adobe.com

Springer ist ein Imprint der eingetragenen Gesellschaft Springer Fachmedien Wiesbaden GmbH und ist ein Teil von Springer Nature.
Die Anschrift der Gesellschaft ist: Abraham-Lincoln-Str. 46, 65189 Wiesbaden, Germany

Wenn Sie dieses Produkt entsorgen, geben Sie das Papier bitte zum Recycling.

Interessenkonflikt

Die Autor*innen haben keine für den Inhalt dieses Manuskripts relevanten Interessenkonflikte.

Inhaltsverzeichnis

1 Einleitung 1
2 Thematische Wiederholungen im Buch 3
3 Einsatz von KI 5
4 Was kann ich? Was will ich? Was ist möglich? 7
5 „Learning by Doing": Studienbegleitende Praktika im Kontext des Experiential Learning 13
   5.1 Praxiserfahrung als Einstellungskriterium 13
   5.2 Zur Bedeutung der Reflexion von Erfahrungen: Experiential Learning ... 14
      5.2.1 Theoretische Grundlagen 15
      5.2.2 Anwendung der grundlegenden Ideen des EL im Kontext studienbegleitender Praktika 17
   Literatur 18
6 Guide für Internationale Studentinnen 21
   6.1 „Networking is Key!" – Tipps für die Suche nach einem Praktikumsplatz in Deutschland 21
      6.1.1 Checkliste zur Praktikumssuche 22
   6.2 Die Bewerbung um einen Praktikumsplatz in Deutschland ... 23
      6.2.1 Checkliste für Bewerbungsverfahren 23
      6.2.2 Checkliste für Bewerbungsgespräche 24
7 Dein Praktikum in Deutschland 27
8 Abenteuer Auslandspraktikum 31
   8.1 Der Mehrwert von Auslandspraktika 31
   8.2 Persönlichkeitsentwicklung und Soft Skills 31
   8.3 Schärfung des eigenen Profils für den Arbeitsmarkt 32
      8.3.1 Verbesserung der Sprachkenntnisse 33
      8.3.2 Freizeitwert 34

	8.4	Voraussetzungen und Hilfreiches für den Aufenthalt	35
		8.4.1 Finanzierung	35
		8.4.2 Sprachkenntnisse	36
		8.4.3 Berufs- und bewerbungsrelevante Fähigkeiten	36
		8.4.4 Dauer und Zeitpunkt des Praktikums	37
	8.5	Die Praktikumssuche	38
		8.5.1 Welche Institution passt zu mir?	38
		8.5.2 Wohin soll es gehen?	40
		8.5.3 Wie finde ich ausgeschriebene Praktikumsstellen?	41
		8.5.4 Wie bewerbe ich mich?	42
	8.6	Checkliste für das Auslandspraktikum	44
		8.6.1 Phase 1: Sichern der Praktikumszusage	44
		8.6.2 Phase 2: Nach der Zusage	44
		8.6.3 Phase 3: Im Praktikumsland	45
		8.6.4 Phase 4: Nach dem Praktikum	45
9	**Qualität vor Quantität**		**47**
	9.1	Warum Qualität über Quantität geht	47
		9.1.1 Tiefgehende Lernerfahrungen	48
		9.1.2 Netzwerkaufbau	48
		9.1.3 Persönliche und berufliche Entwicklung	49
		9.1.4 Karrierechancen	49
		9.1.5 Praktische Erfahrungen im Ehrenamt	49
		9.1.6 Selbstreflexion und Klarheit	49
		9.1.7 Checkliste: Wie erkenne ich ein qualitativ hochwertiges Praktikum?	50
	9.2	Warum Methoden des Experiential Learning nutzen?	51
		9.2.1 Aktives Lernen	51
		9.2.2 Reflexion	51
		9.2.3 Anwendung: Von der Wissenschaft in die Praxis umsetzen	52
	9.3	Warum sowohl fachbezogene als auch fachfremde Praktika absolvieren?	53
		9.3.1 Fachbezogene Praktika	53
		9.3.2 Fachfremde Praktika	54
	9.4	Checkliste für ein gutes Praktikum	54
	9.5	Checkliste für deine Praktikumspläne	55
10	**Quick Checklisten für deine Bewerbung**		**57**
	10.1	Quickcheck-Liste für den Lebenslauf (CV)	57
	10.2	Quickcheck-Liste für das Anschreiben	58
	10.3	Checkliste: erstes Online-Interview	60
	10.4	Checkliste persönliches Gespräch vor Ort	61
	10.5	Checkliste Assessment Center	62

10.6	Checkliste: Vorbereitung Case Interview	63
10.7	Checkliste: Lösung einer Fallstudie oder eines Business Cases	64
10.8	Einige Methoden zur Lösung von Fallstudien	64
Literatur		65

11 Grundlagen des Zeitmanagements 67
11.1 Die Vier Quadranten der Eisenhower-Matrix 67
11.2 Anwendung des Eisenhower-Prinzips 67
11.3 Beispiele aus der Praxis 68
11.4 Die ersten Wochen im Praktikum 68
11.5 Der erste Tag 68
11.6 Die erste Woche 69
11.7 Quick Check: Das Beste aus dem Praktikum holen 71
    11.7.1 Fachkompetenz 71
    11.7.2 Methodenkompetenz 71
    11.7.3 Soziale Kompetenz 72
Leseempfehlungen 72

12 Vorlage Praktikumstagebuch 73

13 Angewandte Wissenschaft im Praktikum 75
13.1 Betriebswirtschaftslehre (BWL) 75
13.2 Organisationssoziologie 76
13.3 Organisationspsychologie 76
13.4 Warum sind diese Kenntnisse in jedem Praktikum wichtig? 77
13.5 Experiential Learning Tasks für das Praktikum 77
    13.5.1 Empfohlenes Vorgehen bei den Aufgaben 78
    13.5.2 Unternehmenskultur: Vision und Mission 78
    13.5.3 Fallstudie aus der Organisationssoziologie 79
    13.5.4 Strategisches Management 80
    13.5.5 Operatives Management 81
    13.5.6 Finanzierung und Investition 81
    13.5.7 Controlling 82
    13.5.8 Marketing 83
    13.5.9 Human Resources Management 83
    13.5.10 Fallstudie aus der Organisationspsychologie 84
    13.5.11 Interkulturelle Zusammenarbeit 85
    13.5.12 Diversity Management 86
    13.5.13 Frauen in Führungspositionen und in Tech-Karrieren 86
    13.5.14 Inklusion 87
    13.5.15 Compliance 88
    13.5.16 Supply-Chain-Management 88
    13.5.17 Projektmanagement 89

	13.5.18	Wirtschaftsrecht	90
	13.5.19	Organisationsmanagement	91
	13.5.20	Budgetplanung	91
	13.5.21	Internes und externes Rechnungswesen	92
	13.5.22	Internationales Management	93
	13.5.23	IT-Projektmanagement	93
	13.5.24	Personalentwicklung	94
	13.5.25	Innovationsmanagement	95
	13.5.26	Fallstudie Fundraising für ein Praktikum in einer NGO oder einer politischen Organisation	95
Leseempfehlung			96

14 Erfolgreich Scheitern und eine gute Fehlerkultur ... 97
    14.1 Wie man erfolgreich scheitert ... 98
    14.2 Erste Hilfe-Checkliste für Praktikantinnen: Umgang mit eigenen Fehlern ... 98
    14.3 Checkliste für den Umgang mit Fehlern Anderer ... 99
    Leseempfehlung ... 99

15 Erste Hilfe bei unerwarteten Herausforderungen im Praktikum ... 101
    15.1 Fachliche Herausforderungen im Praktikum souverän meistern ... 101
    15.2 Mit herausfordernden Kolleginnen umgehen ... 102
    15.3 Für schwierige Führungskräfte arbeiten ... 102
    15.4 Was tun bei Bossing oder Mobbing ... 103
        15.4.1 Anzeichen von Mobbing und Bossing ... 103
        15.4.2 Erste Hilfe und Selbstschutz: ... 103
    15.5 Im falschen Praktikum gelandet? Mach das Beste daraus! ... 104
    15.6 Wenn alle Stricke reißen: Kündige! ... 104
    Leseempfehlungen ... 105

16 Die Bedeutung von Career Services und deren Angebote für deine Karriere ... 107

17 LinkedIn und ähnliche Plattformen für deine Karriere nutzen ... 111
    17.1 Grundlegendes ... 111
    17.2 Tipps zur Kontaktaufnahme auf LinkedIn ... 112
    Leseempfehlung ... 113

18 Praktikums- / Arbeitszeugnis ... 115

19 Zu guter Letzt ... 117

Einleitung 1

Praktika sind heute für jede(!) Studentin und jeden Fachbereich ein unverzichtbarer Bestandteil der akademischen und persönlichen Entwicklung. Sie bieten eine einzigartige Gelegenheit, theoretisches Wissen aus dem Studium in die Praxis umzusetzen und wertvolle Erfahrungen zu sammeln, die weit über den Hörsaal hinausgehen. Dieses Buch versteht sich als Kompass für Studentinnen aus allen Fachbereichen vom Ersti bis zur Promotion, von der Suche nach bis zum Abschluss von Praktika.

Ein zentrales Konzept dieses Buches ist das „Experiential Learning" oder erfahrungsbasiertes Lernen, das auf den Theorien von John Dewey und David A. Kolb basiert. Dieses Konzept betont die Bedeutung von praktischen Erfahrungen und Reflexion für den Lernprozess. Durch die aktive Auseinandersetzung mit realen Herausforderungen und die anschließende Reflexion über diese Erfahrungen können Studentinnen ihr Wissen vertiefen und ihre Fähigkeiten weiterentwickeln.

Wie bei unseren Angeboten im Career Service der LMU München (www.lmu.de/career-service) richten wir uns auch mit diesem Buch an alle Fachbereiche. Es gibt aus unserer Sicht kein „wirtschafts- oder arbeitsweltfernes" Studium. Ganz im Gegenteil wird es dann richtig spannend und meist auch sehr gut, wenn Studentinnen und Absolventinnen der Geistes-, Sozial-, Sprach-, Rechts- und Naturwissenschaften mit Wirtschaftswissenschaftlerinnen zusammenarbeiten, Perspektiven teilen und diskutieren, um in interdisziplinären Teams Lösungen zu finden.

Das vorliegende Buch bietet daher eine Sammlung von interdisziplinären Erfahrungsaufgaben, die darauf abzielen, praktische Fähigkeiten und Kenntnisse im Rahmen eines Praktikums zu fördern. Diese Aufgaben sind so konzipiert, dass sie unabhängig von den vorhandenen fachlichen Kenntnissen bearbeitet werden können und in etwa 60 bis 120 min abgeschlossen werden können. Sie finden Anwendung im Kontext von Unternehmen sowie politischer und/oder sozialer Organisationen.

Das Buch wurde vom Team des Career Service der LMU München verfasst. Wir geben darin unsere zum Teil jahrzehntelangen Erfahrungen aus persönlichen Beratungen, Events und Seminaren wieder. Um die Sicht der Studentinnen in den Mittelpunkt zu stellen, haben wir in dieses Buch auch die Erfahrungen, Anmerkungen und Fragen unserer studentischen Mitarbeiterinnen einfließen lassen, denen wir herzlich danken:

- Ariana Bagheri
- Kilian Dorn
- Anian Halder
- Chaima Mehrzia Harzallah
- Stephanie Hirler
- Barbara Ihre
- Mika Sing
- Felicitas Wolfram

Wir verwenden in diesem Buch die Du-Form, da es dein persönlicher Kompass durch alle Höhen und Tiefen eines Praktikums sein soll. Im Sinne der Lesbarkeit verwenden wir das generische Femininum. Auch danken wir der Leiterin des Dezernats „Studierende" der LMU, Dr. Andrea Stiebritz, die dieses Projekt in seiner Entstehung förderte und unterstützte.

Im Laufe der Zeit hat sich gezeigt, dass ein bewusster und reflektierter Umgang mit den eigenen Fähigkeiten und Interessen eine Schlüsselrolle spielt, um das Beste aus einem Praktikum oder einer beruflichen Erfahrung herauszuholen. Die Mischung aus persönlicher Motivation, klar definierten Zielen und dem Mut, sich auf neue Herausforderungen einzulassen, führt dazu, dass Praktika nicht nur als notwendiger Schritt in der Karriereplanung wahrgenommen werden, sondern auch als Gelegenheit, sich selbst weiterzuentwickeln und wertvolle Einblicke zu gewinnen. Gerade in einem akademischen Umfeld, das oft von Erwartungen und Leistungsdruck geprägt ist, bietet das Praktikum eine Chance, die eigene Perspektive zu erweitern und sich aktiv mit der Frage auseinanderzusetzen, wo die eigenen Stärken gelebt und ausgebaut werden können.

2 Thematische Wiederholungen im Buch

In diesem Arbeitsbuch sind thematische Wiederholungen bewusst eingebaut, um den Lernprozess zu unterstützen und zu vertiefen. Diese sind ein zentrales didaktisches Element, das speziell darauf abzielt, das Verständnis und die Anwendung des Gelernten zu festigen. Thematische Wiederholungen sind ein bewährtes Mittel, um den Lernprozess zu unterstützen und zu vertiefen. Sie bieten Flexibilität, fördern das Verständnis und stärken das Langzeitgedächtnis.[1]

Warum thematische Wiederholungen?
Perspektivwechsel: Die vier Autorinnen des Buches bringen in den Abschnitten des Buches ihre jeweils eigene Perspektive und langjährige Erfahrung ein.

Flexibilität im Lernprozess: Dieses Arbeitsbuch ist so konzipiert, dass es nicht linear von vorne nach hinten durchgearbeitet werden muss. Vielmehr soll es Ihnen ermöglichen, an verschiedenen Stellen einzusteigen und je nach Interesse oder Bedarf zu arbeiten. Thematische Wiederholungen sorgen dafür, dass wichtige Konzepte und Inhalte unabhängig vom Einstiegspunkt verstanden und angewendet werden können.

Vertiefung des Verständnisses: Durch die Wiederholung von Themen in verschiedenen Kontexten und aus unterschiedlichen Perspektiven wird das Verständnis vertieft. Jede Wiederholung bietet die Möglichkeit, das Gelernte zu festigen und neue Aspekte oder Anwendungen zu entdecken.

---

[1] Li, M., & Wang, T. (2024). Optimizing learning return on investment: Identifying learning strategies based on user behavior characteristic in language learning applications. *Education and Information Technologies*, *29*(6), 6651–6681.

Anwendung in **verschiedenen Kontexten**: Thematische Wiederholungen ermöglichen es, ein Thema in verschiedenen Kontexten zu betrachten und anzuwenden. Dies fördert die Transferfähigkeit, also die Fähigkeit, das Gelernte auf neue Situationen und Probleme zu übertragen.

Einsatz von KI 3

Während der Erstellung dieses Buches wurde gezielt auf den Einsatz moderner KI-Technologien zurückgegriffen, um die Inhalte zu überprüfen, zu optimieren und sprachlich zu verfeinern. Dabei kamen Tools wie ChatGPT, Mistral LeChat sowie Microsoft Copilot zum Einsatz. Diese Programme ermöglichen es, Texte zu analysieren, Kohärenz sicherzustellen und die Qualität der Sprache für die Zielgruppe der Studentinnen zu optimieren. Dennoch war der Einsatz von künstlicher Intelligenz nur ein Teil des Entstehungsprozesses. Am Anfang und Ende des Entstehungsweges – und auch in Zwischenphasen – stand die maßgebliche menschliche intellektuelle Arbeit.

Die Autorinnen sorgten dafür, dass alle Informationen sorgfältig auf ihre Relevanz und Richtigkeit geprüft wurden, und trugen mit ihrer eigenen Expertise dazu bei, die Inhalte sinnvoll zu strukturieren und in den richtigen Kontext zu setzen. Die KI spielte unterstützend eine Rolle, indem sie Vorschläge lieferte und Arbeiten beschleunigte.

4. Was kann ich? Was will ich? Was ist möglich?

„Muss ich während des Studiums unbedingt viele Praktika machen, um später einen guten Job zu bekommen? Und falls ja, wie viele Praktika sind notwendig? Alle meine Kommilitoninnen und Kommilitonen haben schon viel mehr Praxiserfahrung gesammelt als ich. Ist das ein Problem?"

Fragen wie diese beschäftigen Studentinnen regelmäßig, wenn sie in die Karriereberatung des LMU Career Service kommen. Das ist nur allzu verständlich; Studentinnen vergleichen sich untereinander an der Universität. Zudem geben ihnen Eltern, Geschwister, Freunde, Verwandte und Bekannte gut gemeinte Ratschläge oder formulieren konkrete Erwartungen an sie, was neben dem Studium am besten noch alles gemacht werden sollte: Nebenjob, Praktikum und Auslandsaufenthalt, Werkstudentinnenstelle sowie freiwilliges Engagement zum Beispiel in der Fachschaft oder einer sozialen Einrichtung – und das alles bitte schön ohne Verzögerung in der Regelstudienzeit.

Die entscheidende Frage gerät bei diesem Bündel an unterschiedlichen Perspektiven und Erwartungen häufig in den Hintergrund:

„Was will ich selbst?"

So einfach diese Frage klingt, so schwierig ist sie für die meisten Studentinnen zu beantworten. In der Karriereberatung setzen sie sich nicht selten zum ersten Mal mit ihr ernsthaft auseinander. Und das ist sehr wichtig: Denn je besser Studentinnen erkennen, was sie selbst wollen, desto leichter fällt es ihnen, dies anderen überzeugend zu vermitteln. Zum Beispiel Menschen in Personalabteilungen, die darüber entscheiden, welchen Studentinnen sie einen Praktikumsvertrag anbieten und welchen nicht.

„Aber ich muss ja erst einmal wissen, was es alles für Möglichkeiten gibt. Wenn ich nicht weiß, welche Praktika man machen kann, kann ich mich schließlich auch nicht entscheiden."

Diese Antwort vieler Studentinnen ist ebenfalls verständlich und natürlich äußerst geschickt, um der entscheidenden Frage scheinbar logisch aus dem Weg zu gehen. Denn weil sie häufig gerade nicht genau wissen, was sie wollen, suchen Studentinnen schließlich Rat bei der Karriereberaterin. Und dann soll die doch bitte erst einmal alle Optionen aufzeigen, die für ein geeignetes Praktikum zur Wahl stehen.

Geeignetes Praktikum? Wenn die Beantwortung der Frage *Was will ich?* Studentinnen zu viel Kopfzerbrechen bereitet, dann hilft vielleicht ein kleiner Umweg. Wann zum Beispiel ist ein Praktikum ein geeignetes Praktikum? Oder anders gefragt:

> „Mal angenommen, du dürftest deinen Praktikumsplatz frei auswählen und hättest dabei keinerlei Einschränkungen – wie würdest du dieses Praktikum beschreiben, was wäre dir wichtig?"

Wenn die Frage so gestellt wird, sprudeln die Stichworte meistens nur so aus den Studentinnen heraus: Das Praktikum soll Spaß machen und es soll sinnvoll sein; man möchte mit netten Kollegen in einem Team zusammenarbeiten; die Tätigkeit soll einen Bezug zum Studienfach haben; es soll eine interessante und anspruchsvolle Aufgabe sein, bei der man viel Neues lernen kann; vielleicht sogar im Ausland oder in einer anderen Stadt als dem eigenen Studienort ....

Das klingt einerseits noch alles sehr unkonkret, fast so, als könnte das jede sagen. Jedoch haben andererseits diese Beschreibungen und geäußerten Wünsche eine ganze Menge mit den Studentinnen selbst zu tun und weniger mit den Wünschen von Freunden, Eltern, Geschwistern oder Kommilitonen. Der Blick auf das Thema hat sich dadurch grundlegend geändert: Weg von der inneren, zumeist abwartend-passiven Haltung, was es alles für von anderen gesetzten Optionen gibt, auf die man möglichst passgenau reagieren muss. Stattdessen hin zu einer aktiven Herangehensweise, bei der die eigenen Wünsche, Motive und Ziele den Ausgangspunkt der weiteren Überlegungen bilden. Es lohnt sich deshalb nachzufragen und die Studentinnen zu ermuntern, ihre Gedanken zu ihrem idealen Praktikumsplatz weiter auszuformulieren und zu präzisieren.

> „Woran erkennst du, dass eine Tätigkeit sinnvoll ist? Welche sinnvollen Erfahrungen hast du bisher im Studium und außerhalb der Universität gemacht? Was genau hat dir dabei besonders viel Freude bereitet und wer konnte von dieser sinnstiftenden Arbeit direkt oder indirekt profitieren?"

Jeder Einfall, jede Assoziation ist willkommen. Es passiert zum Beispiel immer wieder, dass Studentinnen von ihren Nebenjobs in der Schulzeit oder während des Studiums berichten. Das kann in einem Café als Bedienung sein oder in einer Buchhandlung als Aushilfe im Verkauf; im Büro des Familienbetriebs oder als Nachhilfelehrer für jüngere Schülerinnen oder Studentinnen. Andere wiederum haben sich in einer Sportmannschaft engagiert, waren in einer Jugendgruppe aktiv, hatten in der Vergangenheit eine Aufgabe bei den Pfadfindern übernommen oder sind regelmäßig mit ihrer Musikgruppe bei Konzerten und Wettbewerben aufgetreten. Die Übernahme von Betreuungs- und Pflegeaufgaben für bedürftige Familienmitglieder beschreiben Studentinnen ebenfalls als eine sehr sinnstiftende, wenn auch nicht immer leichte Aufgabe. Oder sie haben in Bars gekellnert, für Zeitschriften und Agenturen Texte geschrieben; sie arbeiten am Empfang von Hotels und Kanzleien oder bei internationalen Messen als Dolmetscherinnen und Übersetzerinnen. Und gleichzeitig sagen sie nicht selten:

> „Aber das war ja nur ein Nebenjob. Das habe ich doch bloß gemacht, um Geld zu verdienen, damit ich mir mein Studium finanzieren kann. Das war doch kein richtiges Praktikum, sondern eher ein Hobby. Eigentlich nur so zum Spaß. Und weil die anderen das auch machen …"

Ob richtiges Praktikum oder kein richtiges Praktikum – diese Entweder-oder-Klassifizierung ist in der Regel wenig hilfreich. Denn sie führt leicht zu der Annahme, dass es nur eine einzige anzustrebende Option gibt, nämlich die „richtige". Und in der Folge verwenden Studentinnen viel Energie darauf, eben genau diese eine richtige Entscheidung für ein Praktikum zu treffen. Aufgrund der Vielzahl an Möglichkeiten und unterschiedlichen Praktikumsangeboten im Internet, auf Social Media-Plattformen oder Karriereseiten von Unternehmen führt dies jedoch schnell zu Stress, Überforderung, Verwirrung und Entmutigung:

> „Wie soll ich mich entscheiden?"

Wenn der Weg vor einem nebulös erscheint, ist Klarheit über den aktuellen Standort umso wichtiger. Um diese Klarheit über den eigenen Standort zu gewinnen, benötigt man jedoch keine Suchmaschine im Internet, Social Media-Plattformen oder digitale Stellenportale. Im Gegenteil: Diese Werkzeuge können einem ordentlich die Sicht verstellen.

Die Suche nach Klarheit beginnt vielmehr bei einem selbst – bei den bisher gemachten Erfahrungen; bei den eigenen Stärken und Fähigkeiten; bei den Dingen, die man gut, gerne und mit Freude macht; bei den Tätigkeiten, für die man Lob und Anerkennung von anderen Menschen bekommen hat.

Es ist dabei unerheblich, ob diese Tätigkeiten bezahlt wurden, etwa bei einem Nebenjob, oder nicht. Entscheidend ist auch nicht die Frage, ob dadurch die Erwartungen von anderen Personen erfüllt oder enttäuscht wurden. Ebenso wenig spielt es eine Rolle, ob die eigenen Stärken und Talente in Form eines Ehrenamtes, eines Hobbys, eines Praktikums, einer Werkstudentinnenstelle oder eines Nebenjobs entdeckt, trainiert und entwickelt werden konnten. Bei der Gewinnung von Klarheit, bei der Bestimmung des eigenen Standortes, geht es um die Frage:

> „Was kann ich?"

Studentinnen können in der Regel sehr viel mehr als sie selbst von sich meinen. Es fällt Ihnen aber häufig schwer, dies nicht nur klar zu erkennen und zu benennen, sondern auch als ihr eigenes wertvolles Potenzial anzuerkennen. Warum fällt ihnen das schwer? Das liegt daran, dass sie sich häufig mit anderen Studentinnen an ihrer Universität vergleichen.

Innerhalb dieser Peer-Groups erleben sie ihre eigenen Stärken und Fähigkeiten dann nicht mehr als etwas Wertvolles, sondern relativieren diese in Bezug auf die Stärken und Fähigkeiten der anderen Studentinnen. Die eigenen Stärken wirken in diesem Bezugsfeld dann schnell völlig normal, nicht besonders erwähnenswert. Gleichzeitig gibt es immer irgendeine Mitstudentin, die bestimmten Dinge besser kann als man selbst oder irgendeine Mitstudentin, die besseren Noten hat. Vor diesem Hintergrund sehen dann die tatsächlich vorhandenen eigenen Stärken plötzlich aus wie vermeintliche Schwächen oder gar Defizite. Und das kann ziemlich demotivierend, manchmal auch frustrierend sein. Aus diesem Grund ist es wichtig, dass Studentinnen bei der Gewinnung von Klarheit über ihre eigenen Stärken, bei der Bestimmung ihres aktuellen Standortes die Perspektiven, Stärken und Erwartungen anderer Personen ausklammern. Es geht also nicht um die Frage, was ich soll, sondern darum, was ich kann.

> „Aber genau das ist ja das Problem: Ich interessiere mich für so viele verschiedene Sachen, kann von allem ein bisschen was, aber nichts so richtig. Wo soll ich denn da anfangen?"

Gute Frage. Und eine gut gestellte Frage liefert häufig wertvolle Hinweise darauf, in welcher Richtung eine brauchbare Antwort zu finden ist. Ein Anfang könnte zum Beispiel sein, sich noch einmal bewusst daran zu erinnern – und dann auf einem Blatt Papier aufzuschreiben –, welche Tätigkeiten, Aufgaben, Projekte, Jobs und Teamarbeiten in der Vergangenheit viel Freude bereitet und in der Folge gute Ergebnisse erzielt haben. Ob der Nebenjob im Café, die Mitarbeit in einer Kanzlei, Dolmetschertätigkeiten bei internationalen Messen und natürlich auch Themenschwerpunkte im eigenen Studienfach: Alles sind wertvolle Erfahrungen und wichtige Hinweisgeber auf die Wurzeln des eigenen Könnens. Es ist schließlich kein Zufall, dass einem bestimmte Aufgaben – auch wenn sie herausfordernd sind – relativ leichtfallen und besonders gut gelingen.

> „Wie habe ich das geschafft?"

In der Karriereberatung können Studentinnen ihre Ressourcen anhand dieser Frage häufig konkret beschreiben: Für die Bewältigung von Aufgaben mussten sie zum Beispiel sehr analytisch, gut organisiert und strukturiert vorgehen; es war wichtig, dass sie gerne mit großen Mengen an Daten und Zahlen arbeiten; der gute und freundliche Umgang mit unterschiedlichen Menschen und manchmal auch mit Konflikten war unerlässlich; spezielle Computerkenntnisse oder Fremdsprachen haben zum Erfolg beigetragen; das schnelle Auffassen von komplexen Themen sowie das Zusammenfassen derselben in verständliche, kompakte Texte war ein Pluspunkt; Fachwissen aus dem Studium musste immer wieder eingebracht und angewendet werden; Lernbereitschaft, Zuverlässigkeit und kollegiales Arbeiten im Team waren ebenfalls wichtige Erfolgsfaktoren.

An konkreten Beispielen, Aufgaben und Projekten anschaulich erläutert bilden diese sowie weitere fachlichen und außerfachlichen Stärken ein aussagekräftiges Kompetenzprofil von Studentinnen. Und dieses individuelle Kompetenzprofil ist gleichzeitig die gesuchte Antwort auf die Frage: Was kann ich?

Für eine strategische und effektive Suche nach einem geeigneten Praktikum (zur Erinnerung: Es geht um ein *geeignetes* Praktikum – nicht um das optimale, das perfekte oder das einzig richtige Praktikum), für die Suche nach einem geeigneten Praktikum also ist Klarheit über das eigene Kompetenzprofil entscheidend.

Warum ist das so? Zum einen wird Studentinnen dadurch bewusst, wo sie aktuell stehen und welche nachweisbaren Stärken, Fähigkeiten und Ressourcen sie einem potenziellen Praktikumsgeber anbieten könnten. Ob, wann, wo und welche Stärken sie dann auch tatsächlich anbieten und in einem geeigneten Praktikum weiterentwickeln wollen, ist an dieser Stelle noch nicht relevant. Es geht hier zunächst um eine Bestandsaufnahme der eigenen Stärken, es geht um die Fokussierung auf die Frage:

„Was kann ich einem Praktikumsgeber anbieten?"

Die Beantwortung dieser Frage ist nicht nur für Studentinnen sehr wichtig. Sie hilft vor allem auch Personalerinnen und Personalern bei der Entscheidungsfindung, wenn es um die Vergabe eines Praktikumsplatzes geht. Denn für diese stellt sich die Frage genau umgekehrt:

„Welchen Bedarf haben wir?"

Das bedeutet, dass sich Praktikumsgeber wie Unternehmen oder Institutionen in der Regel sehr genau überlegen, welche Studentinnen mit welchen Kompetenzen und Erfahrungen sie einstellen möchten. Und um Klarheit darüber zu gewinnen, analysieren Personalentscheider ihrerseits zuvor die Aufgaben, Projekte und Arbeitsteams im Unternehmen, die Studentinnen als Praktikantinnen oder Praktikanten für einen bestimmten Zeitraum unterstützen sollen. Aus den gewonnenen Informationen leiten sie dann spezifische Anforderungen ab, die an die Praktikumsposition gestellt werden, und die Bewerberinnen im Idealfall auch weitgehend erfüllen. Was aus Sicht von Studentinnen in Bezug auf ihre persönlichen Stärken und Ressourcen das individuelle Kompetenzprofil ist, ist aus der Sicht von Personalentscheidern in Bezug auf eine zu besetzende Praktikumsposition das spezifische Anforderungsprofil. Es handelt sich um die beiden Seiten derselben Medaille.

Bei der Suche nach einem geeigneten Praktikum passiert es jedoch immer wieder, dass sich Studentinnen in erster Linie auf das spezifische Anforderungsprofil der Arbeitgeberinnen fokussieren und weniger ihr eigenes Kompetenzprofil in den Mittelpunkt stellen. Auch wenn sie ihre eigenen Stärken und Ressourcen bereits sehr gut kennen und ausdrücken können, fragen Sie als nächstes nicht: Was will ich? Wo möchte ich meine Fähigkeiten einbringen und in der Praxis weiterentwickeln? Für wen und mit wem will ich arbeiten? Sie verwenden stattdessen viel Energie darauf, die unterschiedlichsten Bedarfe von Arbeitgeberinnen in Erfahrung zu bringen.

Wer ein passendes Praktikum finden möchte – eines, das nicht nur den Lebenslauf füllt, sondern echte Orientierung und Entwicklung bietet – sollte den Blick aber bewusst zunächst nach innen richten, bevor er nach außen geht. Das eigene Kompetenzprofil ist nicht nur ein Werkzeug zur Selbstdarstellung, sondern ein Kompass: Es zeigt an, wo die eigenen Potenziale liegen und in welche Richtung eine sinnvolle berufliche Entwicklung führen kann. Nur wer seine Fähigkeiten, Interessen und Werte klar benennen kann, ist in der Lage, gezielt nach Praktika zu suchen, die nicht nur formal passen, sondern auch inhaltlich bereichern.

Der Schlüssel zu einem erfolgreichen Praktikum liegt also im Gleichgewicht zwischen Kompetenzprofil und Anforderungsprofil: Es geht darum, sowohl die Anforderungen der Praxiswelt zu verstehen als auch die eigene Persönlichkeit mit ihren Stärken, Lernzielen und beruflichen Vorstellungen ernst zu nehmen. Erst wenn beides – Selbstbild und Fremdbild, Kompetenzprofil und Anforderungsprofil – aufeinander abgestimmt werden, entsteht ein echter „Match". In den nächsten Kapiteln wirst du lernen, wie du diesen Abgleich bewusst gestalten kannst – als Grundlage für ein Praktikum, das dich nicht nur beruflich, sondern auch persönlich weiterbringt.

„Learning by Doing": Studienbegleitende Praktika im Kontext des Experiential Learning

5.1 Praxiserfahrung als Einstellungskriterium

Studentinnen hören oft von allen Seiten, dass viele Praktika ein Muss sind. Doch warum ist das so? Wir haben unsere Partnerunternehmen gefragt, wieso sie Studentinnen ein studienbegleitendes Praktikum empfehlen würden. Ein Aspekt hat sich in allen Antworten wiedergefunden: Das im Studium theoretisch erworbene Wissen kann im Rahmen eines Praktikums in der Praxis angewendet, ergänzt oder in manchen Fällen sogar revidiert werden.

Dem Erwerb praktischer Erfahrungen messen Personalerinnen mit Blick auf Bewerbungen eine große Bedeutung zu. Sie heben die Möglichkeit hervor, durch Praktika die eigenen Stärken, Schwächen und Interessen kennenzulernen und herauszufinden, ob man sich die Tätigkeit für seine eigene berufliche Zukunft nach dem Studium vorstellen kann. Herauszufinden, wo die eigenen Interessen liegen und wohin es nach Studienabschluss beruflich gehen soll, ist besonders in Studienfächern wichtig, die nicht auf einen bestimmten Berufsweg vorbereiten, sondern viele unterschiedliche Einstiegsmöglichkeiten bieten. Dies trifft vor allem auf die Geistes- und Sozialwissenschaften zu, doch auch wirtschaftswissenschaftliche oder technische Studiengänge bieten immer vielfältigere Karrieremöglichkeiten.

Praktika sind also eine ideale Möglichkeit, sich „hands-on"-Praxis und bedeutende Soft-Skills anzueignen, das eigene Netzwerk nachhaltig auszubauen und bedeutende Referenzen für die Zukunft zu sammeln. Ein Praktikum bietet zusätzlich die Möglichkeit, umfangreiche, direkte Einblicke in ein Unternehmen zu bekommen und die Branche aus nächster Nähe kennenzulernen. Der Erwerb praktischer Erfahrungen während des Studiums ist für viele Unternehmen ein wichtiges Einstellungskriterium, insbesondere, wenn es um eine Festanstellung nach Studienabschluss geht. Viele Unternehmen ermöglichen es

Praktikantinnen deshalb, im Rahmen des Praktikums ganz unterschiedliche Tätigkeiten und Abteilungen kennenzulernen und an verschiedenen Projekten mitzuarbeiten. Praktikantinnen lernen das Unternehmen und die Arbeitsabläufe so ganzheitlich kennen und finden heraus, wo ihre eigenen Stärken und Interessen liegen. Wer bereits praktische Erfahrungen im Rahmen eines Praktikums sammeln konnte hat also eine gute Vorstellung davon, wie der Arbeitsalltag in einem Unternehmen aussehen kann. Das erleichtert den Übertritt ins Berufsleben und erhöht die eigenen Chancen auf dem Arbeitsmarkt – im besten Fall führt ein Praktikum sogar direkt zu einer weiterführenden Werkstudentinnentätigkeit oder zur Festanstellung.

5.2 Zur Bedeutung der Reflexion von Erfahrungen: Experiential Learning

„Learning by Doing" ist es also, was Praktika den von uns befragten Personalerinnen nach so wertvoll macht. Es handelt sich bei diesem Konzept um die einfachste Beschreibung des „Experiential Learning" (EL), auf Deutsch „Erfahrungsbasiertes Lernen" (vgl. auch Lewis & Williams 1994:5f.).

EL ist ein didaktisches Konzept, welches Ansätze für gewinnbringendes und erfolgreiches Lernen liefert – und, wie der Name bereits sagt, praktischen Erfahrungen eine zentrale Rolle für Lernprozesse zumisst. Das Konzept des EL wurde für die Bildungsforschung besonders im Laufe der 80er-Jahre relevant. Dies hängt laut Lewis & Williams (1994:5) einerseits damit zusammen, dass sich in dieser Zeit die Sicht auf Lernprozesse verändert hat: Kognitivistische und behavioristische Lerntheorien, in denen Lernende als passive Empfänger und Lehrpersonen als Wissenslieferanten verstanden werden, wurden von Modellen abgelöst, in denen die aktive Wissensbildung der Lernenden wesentlich ist. Auch den Vorerfahrungen kommt nun eine wichtige Bedeutung zu. Andererseits wurde von erwachsenen Lernenden zunehmend erwartet, dass sie ihr Vorwissen und ihre Erfahrungen flexibel, kreativ und innovativ einsetzen können. Die wachsende Kompetitivität des Wissenserwerbs – auch im beruflichen Kontext – führte zusätzlich dazu, dass die (Weiter-)Bildung im Erwachsenenbereich ihren Fokus auf erfahrungsbasierte Konzepte legte (vgl. Lewis & Williams 1994:5).

EL basiert damit vor allem auf konstruktivistischen Lerntheorien, die Lernen als aktiven Prozess der Beschäftigung des Lernenden mit seiner Umwelt begreifen. Für konstruktivistische Ansätze gilt die erkenntnistheoretische Grundüberzeugung, dass sich die erlebte Wirklichkeit des Menschen durch aktive Erkenntnisleistung bildet und nicht objektiv verifiziert werden kann (vgl. von Ameln 2004:3). Konstruktivistische Lernkonzepte sollen demnach holistisch ausgerichtet, nah an der Realität sein und dazu beitragen, dass Lernende ihre eigene, subjektive „Lern-Wirklichkeit" konstruieren können (vgl. ebd.:246). Der Lehrperson kommt hier eine begleitende, beratende und bei Bedarf unterstützende Rolle zu, wobei Lernende zu Selbstständigkeit ermutigt werden sollen (vgl. ebd.). Besonders

5.2 Zur Bedeutung der Reflexion von Erfahrungen: Experiential Learning

wichtig ist die intrinsische Motivation der Lernenden: Der praktische Nutzen der eigenen Lernerfahrungen muss deutlich erkennbar sein (vgl. ebd.).

Praktika können im Rahmen des EL zu den „field-based experiences" gezählt werden, also Lernumgebungen, die außerhalb des regulären Lernsettings bestehen und akademisches Lernen und die praktische Anwendung von theoretischem Wissen verbinden (vgl. Chan 2022:6). EL-Umgebungen begünstigen im Vergleich zu konventionellen Lernumgebungen insbesondere den Erwerb ganzheitlicher Fähigkeiten (vgl. Chan 2012a, 2012b) und berufsrelevanter Kompetenzen (vgl. Lewis & Williams 1994:5). Hierunter fallen vor allem Soft-Skills wie beispielsweise Resilienz, kritisches Denkvermögen oder Kommunikationsfähigkeiten, die nicht „erlernt" werden können, sondern vor allem durch praktische Erfahrungen entwickelt werden müssen (vgl. Chan 2022:28f, Chan 2021). Die Reflexion von Erfahrungen und insbesondere auch von Fehlern ist für konstruktivistische Lernprozesse zentral, da so das existierende Wissen (re-)strukturiert werden kann (vgl. von Ameln 2004:246). Im Rahmen des EL sollen Lernende demnach in Erfahrungen eintauchen und diese anschließend reflektieren, da so neue Fähigkeiten, Einstellungen oder Denkweisen entwickelt werden können (vgl. Lewis & Williams 1994:5). Chan (2022:162) fasst unterschiedliche Definitionen des für EL zentralen Begriffs der Reflexion zusammen:

> „Reflection is how you see yourself before, now and after; how you see yourself from *different* perspectives; how you see yourself after certain situations or experiences; how you see yourself, your actions and your behaviours after you observe others".

5.2.1 Theoretische Grundlagen

Als eine der bedeutendsten theoretischen Grundlagen des EL gilt in der Forschung das Werk „Experience and Education" (1938) des amerikanischen Pädagogen John Dewey, in dem er eine Theorie des Lernens aus Erfahrung entwickelt. Grundlegend hierfür ist das bereits angesprochene Konzept „Learning by doing" und damit die Erkenntnis, dass Lernende durch stetige Interaktion mit der realen Welt laufend neue Erfahrungen machen. Die Erfahrungen wiederum haben einen verändernden Einfluss auf den Lerner selbst und dessen zukünftige Reaktionen (vgl. Chan 2022:18). Dewey geht grundsätzlich von einer „Prozesshaftigkeit" des menschlichen Seins sowie des Lernens aus (vgl. Correll 1962:10). Wenn in bestimmten Situationen erfolgreich angewandte „Verhaltensformen" in neuen Situationen nicht mehr funktionieren, entstehen nach Dewey „Konflikte". Um diese zu lösen, müssen die bestehenden Verhaltensweisen angepasst werden (vgl. ebd.:11):

> „For him, experiential learning meant a cycle of „trying" and „undergoing" by becoming aware of a problem, getting an idea, trying out a response, experiencing the consequences, and either confirming or modifying previous conceptions" (Lewis & Williams 1994:6).

Lernprozesse sind nach Dewey damit zyklisch, wobei die Erfahrungen laufend reflektiert und die gezogenen Schlüsse angepasst und modifiziert werden müssen. Lernen bedeutet somit, dass Gefühle und Eindrücke konkreter Erfahrungen zu zielgerichtetem Handeln werden (vgl. Kolb 1984:22).

Die wohl einflussreichste und am meisten zitierte Theorie des EL ist die „Experiential Learning Theory" (ELT) des amerikanischen Psychologen David A. Kolb (*Experiential learning: Experience as the source of learning and development*, 1984), die auf Theorien von Dewey, Kurt Lewin und Jean Piaget basiert. Kolb nennt sechs essenzielle Prinzipien des EL, die seine Theorie begleiten (Kolb 1984:26ff., vgl. auch Staemmler 2006:48):

- **Lernen ist ein Prozess, kein Ergebnis:** So werden Ideen und Konzepte durch neue Erfahrungen konstruiert, geformt und kontinuierlich angepasst.
- **Lernen geschieht fortlaufend auf Basis von Erfahrungen:** So leitet sich Wissen laufend aus neu gemachten Erfahrungen ab bzw. wird durch diese Erfahrungen erprobt.
- **Lernen geschieht, wenn Konflikte gelöst werden:** So ist der Lernprozess grundsätzlich durch Spannungen und Konflikte gekennzeichnet.
- **Lernen ist ein ganzheitlicher Prozess der Anpassung an die Umwelt:** So betrifft der Lernprozess das Denken, Fühlen, Wahrnehmen sowie Handeln der Lernenden.
- **Lernen geschieht durch Transaktionen zwischen Individuum und Umwelt:** So kann Erfahrung persönlich und subjektiv wahrgenommen werden (Kolb nennt als Beispiel die Erfahrung von Freude oder Glück), oder aber objektiv und auf das Umfeld bezogen (hier führt Kolb wiederum das Beispiel mehrjähriger Berufserfahrung an). Die beiden Arten der Erfahrung beeinflussen sich gegenseitig (vgl. Kolb 1984:35).
- **Lernen ist ein Prozess der Wissenskonstruktion:** So bezeichnet „Lernen" den Prozess der Transaktion zwischen subjektiven und objektiven Erfahrungen.

Die sechs Prinzipien zusammenfassend definiert Kolb (1984:38) Lernen wie folgt: „Learning is the process whereby knowledge is created through the transformation of experience".

Aufbauend auf diesen sechs Prinzipien formuliert Kolb seine EL-Theorie. Es handelt sich um einen vierstufigen, rekursiven Lernzyklus, bestehend aus folgenden Stadien, die Lernende idealerweise für einen effektiven Lernprozess durchlaufend müssen (vgl. Kolb 1984:30):

- **Konkrete Erfahrungen (concrete experiences):** Lernende müssen dazu fähig sein, sich vollständig, offen und unvoreingenommen auf neue Erfahrungen einzulassen.
- **Reflektierendes Beobachten (reflective observations):** Diese Erfahrungen müssen Lernende aus verschiedenen Perspektiven heraus reflektieren können.
- **Abstrakte Begriffsbildung (abstract conceptualization):** Anschließend müssen Lernende aus ihren Beobachtungen heraus logische Konzepte und Theorien entwickeln können.
- **Aktives Experimentieren (active experimentation):** Zuletzt muss es Lernenden möglich sein, auf Basis dieser Theorien Probleme zu lösen und Entscheidungen zu treffen.

Chan (2022:22) fasst diese Stadien mit den Begriffen „experiencing, reflecting, thinking and acting" zusammen. Die Bedeutung des Vorwissens der Lernenden ist im Rahmen der ELT für die Auseinandersetzung mit konkreten Erfahrungen zentral. Aufbauend auf den konkreten Erfahrungen muss eine Reflexion dieser erfolgen, um anschließend Theorien, Generalisierungen und Grundsätze über das Erfahrende aufstellen zu können (vgl. auch Lewis & Williams 1994:6). Diese Theorien sollen dann anhand neuer Erfahrungen getestet werden – anschließend beginnt der Lernzyklus von vorne:

> „In short, in an ideal situation, the learner should be given opportunities and an appropriate environment to experience, reflect, think and act; it may not necessarily begin from CE (concrete experience), but learning will be at its best if all the four elements in the cycle are executed" (Chan 2022:22).

5.2.2 Anwendung der grundlegenden Ideen des EL im Kontext studienbegleitender Praktika

Die zentralen Annahmen des EL können dabei helfen, Praktika möglichst sinnvoll und die Lernprozesse nachhaltig zu gestalten.

Betrachtet man Kolbs Lernzyklus (1984) ist es zunächst wichtig, dass sich die Lernenden auf die im Praktikum gemachten Erfahrungen einlassen können. Hier ist die richtige Vorbereitung essenziell – den ersten Schritt bist du schon gegangen, indem du dieses Buch zur Hand genommen hast. Bata et al. (2019) sprechen von der notwendigen „Developmental Readiness" von Studentinnen – also Skills des Selbstmanagements und psychosozialen Bewusstseins, die dabei helfen, sich im Arbeitsumfeld erfolgreich zurechtzufinden. Auch der „professional preparation" wird tragende Bedeutung für den Erfolg eines Praktikums zugesprochen – also Aktivitäten zur beruflichen Orientierung, zur Vorbereitung auf Bewerbungsprozesse sowie auf die berufliche Tätigkeit selbst (vgl. Bata et al. 2019). Viele Universitäten bieten hier ein umfangreiches Beratungs- und Betreuungsangebot an, von persönlichen Gesprächen über Feedback auf Bewerbungsunterlagen und Seminaren zur Vorbereitung auf Bewerbung und Berufseinstieg. Wir raten dir, diese Angebote aktiv zu nutzen, um dich bestmöglich auf deine praktische Erfahrung vorzubereiten. Mache dir außerdem vor dem Praktikum konkrete Gedanken darüber, was du erreichen möchtest: Was willst du lernen? Welches Wissen willst du dir aneignen? Was würdest du gerne ausprobieren? Was sind deine Ziele? Sei dir darüber bewusst, dass nicht alles „perfekt" laufen wird. Herausforderungen und auch Fehler gehören dazu!

Neben dem Setzen von Zielen und der offenen Herangehensweise an die neuen Aufgaben und Tätigkeiten kann auch eine fachliche Vorbereitung dazu beitragen, dass das Praktikum so gewinnbringend wie möglich wird. Recherchiere im Vorfeld zum Unternehmen, der Branche, deiner Abteilung und deinem Aufgabenbereich. Solltest du besondere Kenntnisse benötigen, z. B. IT-Skills, kann es sinnvoll sein, diese vor Beginn des Praktikums nochmal aufzufrischen. Du solltest dir jedoch darüber bewusst sein, dass du wahrscheinlich auch Erfahrungen machen wirst, die von deinem bisherigen Wissen und deinen Erwartungen abweichen werden – sieh diese Perspektivwechsel als Chance!

Dein Praktikum soll die praktische Erfahrungsbasis vergrößern. Als Praktikantin wirst du also am besten direkt ins „daily business" mitgenommen, darfst selbst aktiv werden und dich im Rahmen konkreter Aufgaben ausprobieren. Im Rahmen unserer Unternehmensumfrage taucht dazu passend der Begriff des „Erlebens" im Rahmen von Praktika auf, was den Gedanken von EL passend aufgreift. Nutze die Möglichkeit, Fragen zu stellen und unterschiedliche Meinungen einzuholen! Dieses Buch hilft dir dabei, deinen Arbeitsalltag zu planen und zu strukturieren.

Anschließend ist es für einen sinnvollen Lernprozess essenziell, dass du die Möglichkeit zur Reflexion deiner Erfahrungen bekommst. Die von uns befragten Personalerinnen betonen besonders, dass im Rahmen eines Praktikums Skills zur Problemlösung sowie die Fähigkeit, konstruktives Feedback zu geben und empfangen zu können, erworben werden. Es gilt, sich das eigene Vorwissen zu bestimmten Themen bewusst zu machen, es zu hinterfragen, und gegebenenfalls neue Schlüsse zu ziehen. Die Reflexion kann einerseits für dich selbst stattfinden: Was fiel dir leicht? Was war schwierig? Welche Probleme kamen auf? Wo benötigst du Hilfe? Was lief gut und was kann zukünftig verbessert werden? Es bietet sich beispielsweise an, ein Praktikums-Tagebuch zu führen, in welchem du deine Erfahrungen und Learnings festhältst (vgl. auch Kolb & Kolb 2008:50). Andererseits ist das Feedback von deinen Kolleginnen, Vorgesetzen oder deiner Betreuerin relevant: Im besten Fall gibt es eine erfahrene, direkte Ansprech- und Betreuungsperson, die deine Erfahrungsprozesse begleitet und die Reflexion dieser anstößt. Einige Unternehmen bieten Mentoring-Programme innerhalb des Unternehmens an, im Rahmen derer eine Mitarbeiterin die Praktikantin begleitet, unterstützt und ihr konstruktives Feedback gibt, aus dem Schlüsse für zukünftige Aufgaben gezogen werden können. Die Unterstützung und Hilfe der Betreuungsperson soll dabei zunehmend nur bei Bedarf angeboten werden, sodass die Selbstständigkeit des Lernenden gefördert wird. Im besten Fall sind im Rahmen deines Praktikums regelmäßige Feedbackgespräche geplant (täglich oder wöchentlich); sollte dies nicht der Fall sein, kannst du aktiv darum bitten.

Mach dir im nächsten Schritt bewusst, welche Schlüsse du aus deiner Reflexion ziehen kannst: Wie kannst du Problemstellungen zukünftig lösen? Was nimmst du für die kommenden Herausforderungen mit? Die nächste Praktikumsaufgabe ist die Möglichkeit, deine Learnings zu testen!

Literatur

Bata, Michelle / Cox-Lanyon, Vickie / Davis, Micki / Whitney, Amy (2019): When a Student's "Right to Fail" Harms the University Brand: How a Lack of Guidance in Experiential Learning Affects University–Organization Relationships. In: Journal of Management Education, 43(1), 108–120.

Chan, C. K.Y. (2012a): Identifying and understanding the graduate attributes learning outcomes in a case study of community service experiential learning project. In: International Journal of Continuing Engineering Education and Life-long Learning, 22(1/2), 148–159.

Literatur

Chan, C.K.Y. (2012b): Exploring an experiential learning project through Kolb's Learning Theory using a qualitative research method. In: European Journal of Engineering Education, 37(4), 405–415.

Chan, C.K.Y. (2022): Assessment for Experiential Learning. London: Routledge.

Chan, C.K.Y. (2021): Holistic Competencies. https://www.have.hku.hk/holistic-competencies (27.05.2025)

Correll, Werner (1962): Die psychologischen und philosophischen Grundlagen des Erziehungsdenkens John Deweys. In: Reform des Erziehungsdenkens. Eine Einführung in John Deweys Gedanken zur Schulreform. Herausgegeben und übertragen von Werner Correll. Weinheim/Bergstraße: Verlag Julius Beltz, 9–25.

Dewey, John (1938, 1969): Experience and Education. London: Collier Books.

Kolb, David A. (1984): Experiential learning: Experience as the source of learning and development. Englewood Cliffs, New Jersey: Prentice-Hall, Inc.

Kolb, A. / Kolb. D. (2008): Experiential Learning Theory: A Dynamic, Holistic Approach to Management Learning, Education and Development. In: Armstrong, S. J. / Fukami, C. (Hg.): Handbook of Management Learning, Education and Development. London: Sage Publications.

Lewis, Linda H. / Williams, Carol J. (1994): Experiential learning: Past and present. In: New Directions for Adult and Continuing Education: 1994(62), 5–16.

Staemmler, Daniel (2006): Lernstile und interaktive Lernprogramme. Kognitive Komponenten des Lernerfolges in virtuellen Lernumgebungen. Wiesbaden: Deutscher Universitäts-Verlag.

von Ameln, Falko (2004): Konstruktivismus. Tübingen, Basel: A. Francke Verlag.

Guide für Internationale Studentinnen 6

Praktika sind insbesondere für internationale Studentinnen von großer Relevanz. In diesem Buch verstehen wir unter internationalen Studentinnen alle Personen, die ihren Hochschulzugang nicht in Deutschland erworben haben und für ein Studium nach Deutschland gekommen sind. Internationale Studentinnen stehen beim Eintritt in den deutschen Arbeitsmarkt vor vielen Herausforderungen. Diese reichen von Sprachbarrieren über bürokratische Hürden bis hin zu fehlenden Kenntnissen des deutschen Arbeitsmarkts. Ein Praktikum kann internationalen Studentinnen dabei helfen, diese Herausforderungen zu meistern und den Übertritt in den deutschsprachigen Arbeitsmarkt zu erleichtern.

6.1 „Networking is Key!" – Tipps für die Suche nach einem Praktikumsplatz in Deutschland

„Networking is Key!" heißt es oft, wenn es um den Berufseinstieg nach dem Studium geht. Mit dem Aufbau eines individuellen Karrierenetzwerks sollten Studentinnen im besten Fall bereits während des Studiums beginnen. Ein solches Netzwerk aufzubauen, erfordert jedoch persönlichen Einsatz und ist besonders für internationale Studentinnen mit Herausforderungen verbunden: Oftmals führt ein Mangel an Kenntnissen der deutschen Sprache zu Schwierigkeiten beim Vernetzen mit relevanten Personen, zudem fehlt in vielen Fällen das Wissen um soziale Gepflogenheiten und Besonderheiten der deutschen Arbeitskultur.

Die meisten Universitäten und Career Services bieten aus diesem Grund Veranstaltungen an, die internationale Studentinnen gezielt dabei unterstützen, Kontakte zu potenziellen Arbeitgeberinnen sowie zu Expertinnen unterschiedlicher Branchen zu knüpfen und zu pflegen. Karrieremessen eignen sich besonders gut zur Orientierung und für erste Gespräche.

Die Unternehmen sind vor Ort, um Studentinnen persönlich kennenzulernen, sich auszutauschen und Fragen zu beantworten – meist in einem recht entspannten Umfeld. Hier haben Studentinnen die Möglichkeit, ihre individuellen Karrierechancen und Perspektiven auf dem deutschen Arbeitsmarkt auszuloten und im besten Fall mögliche Arbeitgeberinnen für Praktika, Werkstudentinnenstellen oder Festeinstiege kennenzulernen.

Tipp: Oft werden auf Karriereevents gute deutsche Sprachkenntnisse vorausgesetzt, da diese für viele Unternehmen ein wichtiges Einstellungskriterium sind. Auch, wenn deine Deutschkenntnisse dem noch nicht entsprechen sollten, empfehlen wir dir, die Events zu besuchen. Für Unternehmen ist es zunächst nur wichtig, zu sehen, dass du dich im Lernprozess befindest. Ein Austausch auf Englisch ist also in den meisten Fällen ohne Probleme möglich!

Neben Karriereevents bieten einige Universitäten auch Mentoring-Programme an, die Studentinnen einen direkten Kontakt zu Professionals unterschiedlicher Branchen und Arbeitsbereiche ermöglichen. Als internationale Studentin erfährst du so aus erster Hand, was du für Bewerbung und Berufseinstieg benötigst und bekommst authentische Einblicke in die jeweilige Branche und das Arbeitsumfeld. Zudem erweiterst du hier dein Netzwerk um besonders nachhaltige Kontakte, auf die du auch zukünftig zurückgreifen kannst. Besonders sinnvoll kann es sein, eine Mentorin zu haben, die selbst einen internationalen Hintergrund hat und den Berufseinstieg auf dem deutschen Arbeitsmarkt bereits erfolgreich gemeistert hat. Du wirst feststellen, dass du mit deinen Schwierigkeiten und Fragen nicht allein bist und kannst optimal unterstützt werden.

Die Karriereexpertinnen an Ihrer Hochschule oder Universität sind sehr gut vernetzt und haben Kontakte zu Unternehmen und Expertinnen unterschiedlicher Branchen. Es ist also empfehlenswert, ein Beratungsgespräch zu vereinbaren. Hier erhältst du neue Inputs, Ideen und Tipps und kannst deine Fragen rund um Bewerbung, Berufseinstieg und deinen persönlichen Werdegang stellen.

Gute Kenntnisse der deutschen Sprache erleichtern deinen Eintritt in den deutschen Arbeitsmarkt enorm, da viele Unternehmen Deutschkenntnisse auf mindestens B2-Niveau voraussetzen. Besuche also möglichst früh studienbegleitende Deutschkurse – deine Universität bzw. Hochschule hat hier ein umfangreiches Angebot. Oftmals gibt es sogar Kurse, die dich explizit auf Bewerbungsprozesse und den Berufseinstieg in einem deutschsprachigen Unternehmen vorbereiten.

6.1.1 Checkliste zur Praktikumssuche

- Nutze das umfangreiche **Angebot deiner Hochschule bzw. Universität**: Informiere dich über die Networking-Angebote wie Karrieremessen, Mentoring-Programme etc. Viele Angebote richten sich explizit an internationale Studentinnen.
- Nutze die **Möglichkeit persönlicher Beratungsgespräche**: Hier bekommst du Tipps rund um deine Bewerbung und hast die Möglichkeit, deine Fragen zu stellen.
- Halte nach **Deutschsprachkursen** rund um die Themen Bewerbung und Berufseinstieg Ausschau: Einige Hochschulen bieten diese an, um internationale Studentinnen auf deutschsprachige Bewerbungsprozesse vorzubereiten.

- Wenn du Studentin aus einem Nicht-EU-Land bist, informiere dich vor Beginn des Praktikums rund um **Visa, Aufenthaltstitel und Arbeitserlaubnis**. Beachte, dass es unterschiedliche Regelungen bei Pflicht- und freiwilligen Praktika geben kann.
- Informiere dich ebenso rund um die notwendigen **Versicherungen**. Besonders wichtig sind die Krankenversicherung, Unfallversicherung und Haftpflichtversicherung.
- Nutze **Online-Jobbörsen und Stellenportale**: Viele Universitäten haben eigene Stellenportale, die eine optimale erste Anlaufstelle sind. Weitere bekannte Portale im deutschsprachigen Raum sind: *Xing, LinkedIn, Indeed, Stepstone, Jobware, Kimeta, Monster.de, Stellenanzeigen.de, Talent.com, EURES (EURopean Employment Services), meinestadt.de und die Bundesagentur für Arbeit.*
- Zusätzlich kannst du dich auch nach **Agenturen für Personalvermittlung** erkundigen. Prüfe im Vorfeld unbedingt, ob Kosten anfallen.
- Wir empfehlen dir auch, einen Blick in das **Portal** *Make it in Germany* der Bundesregierung zu werfen. Hier findest du aktuelle Informationen rund um Visa & und deinen Aufenthalt, Jobsuche, Arbeit, Studium, Ausbildung und das Leben in Deutschland.

6.2 Die Bewerbung um einen Praktikumsplatz in Deutschland

Wenn du ein spannendes Praktikum gefunden hast, steht die Bewerbungsphase bevor: Im ersten Schritt musst du deine Unterlagen den deutschen Standards gemäß erstellen bzw. deine bestehenden Unterlagen so anpassen, dass sie den Standards entsprechen. Orientiere dich hier an den Tipps deiner Hochschule: In vielen Fällen findest du online Informationen rund um deinen Lebenslauf und dein Motivationsschreiben. Auch in diesem Buch findest du wichtige Hinweise dazu. Viele Hochschulen bzw. Universitäten bieten zudem Unterlagen-Checks an, im Rahmen derer du wertvolles Feedback und Tipps erhältst. Außerdem empfehlen wir dir, deine Unterlagen Korrektur lesen zu lassen, idealerweise von einer Person mit Deutschkenntnissen auf muttersprachlichem Niveau.

Erkundige dich an deiner Hochschule bzw. Universität, ob Workshops und Seminare rund um das Thema Bewerbung und Berufseinstieg angeboten werden. Hier werden dir alle wichtigen Informationen zu den erforderlichen Dokumenten, dem Ablauf von Bewerbungsprozessen und Vorstellungsgesprächen, dem deutschen Arbeitsmarkt oder den Gepflogenheiten im persönlichen Kontakt mit Ansprechpersonen des Unternehmens etc. vermittelt.

6.2.1 Checkliste für Bewerbungsverfahren

- Lass deine **Bewerbungsunterlagen** von Personen mit aktivem Wissen zum deutschen Bewerbungsmarkt überprüfen: Entsprechen sie den deutschen Standards?
- Lass deinen Lebenslauf und dein Anschreiben **Korrektur lesen** – am besten von einer Person mit Deutschkenntnissen auf muttersprachlichem Niveau.

- Bereite dich aktiv auf die **Bewerbungsphase** vor: Informiere dich grundlegend über Bewerbungen am deutschsprachigen Arbeitsmarkt (erforderliche Dokumente, Ablauf von Bewerbungsgesprächen etc.). Oftmals bieten Universitäten Seminare und Workshops an, in denen relevantes Wissen über den deutschen Arbeitsmarkt und kulturelle Besonderheiten vermittelt wird.
- Es macht Sinn, die **Praktikumssuche** rund drei bis sechs Monate vor geplantem Praktikumsbeginn zu beginnen. So stellest du sicher, dass du genügend Zeit zur Vorbereitung hast und alle potenziell interessanten Stellen findest.
- Wenn die Stelle auf Deutsch ausgeschrieben ist, bewirbst du dich auf Deutsch. Sollte die Stelle auf Englisch ausgeschrieben sein, bewirbst du dich auf Englisch. Beachte die unterschiedlichen **Formalia**, insbesondere die Länge der Bewerbungsunterlagen sowie die Angabe persönlicher Daten.
- **Bewerbungsschreiben** sind am deutschsprachigen Arbeitsmarkt ein großes Plus: Hier hast du die Möglichkeit, deine Motivation und Qualifikationen darzulegen und das Unternehmen von dir als Person zu überzeugen.
- Es steht dir frei, ob du ein **Bewerbungsfoto** anfügen willst. Im deutschsprachigen Raum sind Bewerbungsfotos jedoch nach wie vor ein Plus. Solltest du ein Foto verwenden wollen, achte unbedingt auf Professionalität und wähle weder Passfotos noch private Aufnahmen oder Selfies.
- Du hattest bereits **persönlichen Kontakt** zu einer Person aus dem Unternehmen? Wunderbar, dann gib diesen Kontakt im Bewerbungsschreiben mit an. Dies kannst du beispielsweise direkt in der Einleitung tun und so dazu überleiten, wie du auf die Stelle bzw. das Unternehmen aufmerksam geworden bist.

6.2.2 Checkliste für Bewerbungsgespräche

- Im Gespräch triffst du voraussichtlich auf Personen aus deinem **gewünschten Fachbereich** sowie aus der **Personalabteilung**.
- Übe, dich in etwa drei Minuten auf Deutsch **vorzustellen.** Wer bist du, was macht dich aus, wie ist dein Werdegang, was ist deine Motivation für die Position?
- Du wirst voraussichtlich **Fragen** zu deiner Person und Motivation, deinen Interessen und Fähigkeiten, vergangenen Erfahrungen, Erwartungen an das Praktikum und eventuell Gehaltsvorstellungen gestellt bekommen. Mache dir zudem Gedanken zu deinen Stärken (und wie du diese bereits zeigen konntest) sowie Schwächen (und wie du an diesen arbeitest). In manchen Fällen bekommst du auch eine **praktische Aufgabe**, um dein fachspezifisches Wissen zu testen.
- Bereite dich darauf vor, das Gespräch in deutscher Sprache zu führen: Je nach Branche kann es sinnvoll sein, sich **branchenspezifisches Vokabular** anzueignen bzw. dieses aufzufrischen. Es kann sein, dass du fachliche Fragen auf Deutsch beantworten musst.
- Es kann sein, dass dir ein Wort nicht einfällt oder du **sprachliche Fehler** machst: Das ist kein Problem! Deiner potenziellen Arbeitgeberin ist bewusst, dass Deutsch nicht

deine Erstsprache ist. Wichtig ist, dass du zeigst, dass du dich wohl dabei fühlst, Deutsch zu sprechen und dazu bereit bist, dich den Herausforderungen eines Praktikums in einer Fremdsprache zu stellen.
- Zeige, dass du sich grundlegend mit dem **deutschsprachigen Arbeitsmarkt** beschäftigt hast. Warum willst du in Deutschland arbeiten?
- Am Ende des Gesprächs hast du meist die Möglichkeit, **deine eigenen Fragen** zu stellen. Überlege bereits vor dem Gespräch, was du zu Arbeitgeberin und Stelle fragen könntest. Weitere Fragen können sich im Gespräch selbst ergeben.

Dein Praktikum in Deutschland 7

Wenn du dann einen Praktikumsplatz gefunden hast, baust du dein Karrierenetzwerk ganz automatisch weiter aus: Du lernst Menschen in ganz unterschiedlichen Positionen kennen, arbeitest in oft interdisziplinären Teams und hast die Möglichkeit, dich laufend sowohl auf professioneller Ebene – in Meetings, Check-Ups etc. – oder auch privater Ebene – in der Mittagspause, auf Teamevents o. Ä. – auszutauschen und zu vernetzten. Diese persönlichen Kontakte und auch Freundschaften sind einer der Schlüssel zur nachhaltigen Integration in den deutschen Arbeitsmarkt und auch allgemein ein Leben in Deutschland.

Im Rahmen eines Praktikums hast du die Chance, umfassende, direkte Einblicke in ein Unternehmen am deutschen Arbeitsmarkt zu bekommen: Welche bürokratischen Herausforderungen gibt es? Was musst du für den Berufseinstieg mitbringen und vorbereiten? Wie sind die Abläufe und Arbeitsweisen im Unternehmen? Wie sind die Gepflogenheiten? Welche hierarchischen Ebenen gibt es? Wie ist die Unternehmenskultur und wie gestalten sich persönliche Beziehungen? Diese und weitere Fragen kannst du im Rahmen eines Praktikums beantworten. Du vertiefst dein kulturelles Verständnis, lernst die deutsche Arbeitskultur intensiv kennen und baust deine interkulturellen Fähigkeiten aus.

Idealerweise absolvierst du mehr als ein Praktikum im Rahmen deines Studiums – du wirst sehen, dass sich deine Erfahrungen von Position zu Position unterscheiden werden und du nach und nach ein immer klareres Bild der Arbeit im deutschsprachigen Umfeld bekommen wirst. Wenn dein Praktikum in deutscher Sprache stattfindet, ist es natürlich auch eine ideale Möglichkeit, deine Sprachkenntnisse zu festigen und auszubauen. Du erlangst insbesondere auch branchenspezifische Kenntnisse, die im Rahmen von Sprachkursen selten vermittelt werden – diese Fachsprachkenntnisse sind für einen späteren Festeinstieg am deutschen Arbeitsmarkt oft essenziell.

Am Ende eines erfolgreich absolvierten Praktikums steht oftmals die Chance, nach Studienabschluss in Form einer Festeinstellung oder Werkstudentinnenstelle übernommen zu werden. In diesem Fall hast du einen idealen Berufseinstieg in Deutschland gemeistert und deinen weiteren beruflichen Weg nachhaltig geebnet. Achte unbedingt darauf, ein Arbeitszeugnis über deine absolvierte Tätigkeit zu erhalten. Dieses steht dir rechtlich zu – du darfst es auch einfordern. Arbeitszeugnisse lesen sich grundsätzlich immer positiv, bei der Bewertung kommt es auf sprachliche Besonderheiten an. Um das Zeugnis richtig einschätzen zu können, empfehlen wir dir, mit einer informierten, unabhängigen Person darüber zu sprechen. Viele Hochschulen und Universitäten bieten persönliche Gespräche an, im Rahmen derer du dein Arbeitszeugnis besprechen kannst.

- Vor Praktikumsbeginn erhältst du einen **schriftlichen Arbeitsvertrag**, der den Rahmen deiner Tätigkeit bildet. Lies den Vertrag in Ruhe durch und stelle Rückfragen direkt der Personalabteilung. Nachdem du und deine Arbeitgeberin unterschrieben habt, ist der Vertrag geschlossen.
- Diese **Informationen** gehören in den Arbeitsvertrag:
  - Kontaktdaten von dir und deiner Arbeitgeberin
  - Vertragsbeginn
  - Vertragsdauer
  - Kündigungsfristen
  - Probezeit (maximal 6 Monate; in dieser Zeit können sowohl du als auch deine Arbeitgeberin das Beschäftigungsverhältnis mit einer Kündigungsfrist von zwei Wochen beenden)
  - Arbeitsort (und evtl. Regelung von Remote-Tätigkeiten)
  - Arbeitszeit (meist wöchentlich)
  - Tätigkeitsbeschreibung (Regelung deiner Aufgaben; oftmals erklärst du dich dazu bereit, bei Notwendigkeit auch verwandte Tätigkeiten im Unternehmen auszuführen)
  - Arbeitsentgelt (Zeitpunkt der Bezahlung – Anfang oder Ende des Monats, Prämien, Zuschläge). Beachte, dass es sich meist um Bruttobeträge handelt, von denen Steuern und weitere Abgaben abgehen.
  - Urlaubsanspruch
  - evtl. weitere Betriebsvereinbarungen oder Tarifverträge
- Nicht alle Praktika sind bezahlt. Absolvierst du dein Praktikum freiwillig und ist es länger als drei Monate, so steht dir der **Mindestlohn** rechtlich zu.
- Nutze das Praktikum aktiv dazu, deine **Deutschkenntnisse** auszubauen – besonders auch auf fachlicher Ebene!
- Knüpfe **persönliche Kontakte** im Unternehmen – vielleicht entstehen sogar Freundschaften! Ein berufliches und persönliches Netzwerk hilft dir nachhaltig dabei, dich in den deutschen Arbeitsmarkt zu integrieren.
- Reflektiere aktiv über deine **Learnings** zur Arbeit in Deutschland und halte wichtige Details schriftlich für dich selbst fest. So kannst du später darauf zurückgreifen, wenn es in Richtung Festeinstieg in Deutschland geht.
- Fordere ein **Arbeitszeugnis** an und prüfe dieses auf Richtigkeit und Vollständigkeit.

- Nutze zudem dein **individuelles Profil** (Herkunft, Erstsprache, andere Sprachkenntnisse). Recherchiere, welche Unternehmen deines Heimatlandes in Deutschland einen Sitz/ein Büro haben. Dort hast du ggf. Vorteile gegenüber anderen Bewerberinnen.
- Gibt es **Wirtschaftsverbände** deines Heimatlandes mit einem Sitz/Fokus in Deutschland, die dir bei der Jobsuche helfen können?
- Nutze dein **gesamtes Netzwerk**, auch akademisch. Frage Dozierende deiner Hochschule, mit denen du in einem guten, persönlichen Kontakt stehst, nach Empfehlungen, Referenzschreiben und Tipps.

Abenteuer Auslandspraktikum 8

Neben den vielfältigen Möglichkeiten von Praktika in Deutschland haben Studentinnen auch die Option, Praxiserfahrungen im Ausland zu sammeln. Das Großartige an internationalen Praktika: Sie können in ganz unterschiedlichen Institutionen und über nahezu alle Ländergrenzen hinweg durchgeführt werden! Nutze die vielfältigen Möglichkeiten für Auslandspraktika und erweitere dabei buchstäblich deinen Horizont. Das folgende Kapitel widmet sich relevanten Informationen rund um das Thema Auslandspraktikum – von der ersten Idee bis zur Durchführung.

8.1 Der Mehrwert von Auslandspraktika

Nach einem längeren Auslandsaufenthalt hat man noch viel mehr im Gepäck als lokale Süßigkeiten, Postkarten und Kühlschrankmagnete! Ein Auslandspraktikum fördert nämlich eine ganze Bandbreite an Fähigkeiten, die für den weiteren akademischen, beruflichen und persönlichen Weg prägend sind. Hier eine Übersicht inkl. Stimmen von Studentinnen:

8.2 Persönlichkeitsentwicklung und Soft Skills

Jeder Tag im Auslandspraktikum gleicht einem kleinen Abenteuer, in welchem man sich behauptet: Ein komplett neues Umfeld, zumeist das Anwenden einer Fremdsprache, die Einarbeitung in neue Teamstrukturen und Themenfelder, die Suche nach einer Wohnung im Gastland, der Aufbau neuer Kontakte, das Probieren der regionalen Küche, das Unternehmen von Ausflügen, usw. Diese und weitere Herausforderungen holen Studentinnen schnell aus ihrer gewohnten „Universitäts-Bubble" im Heimatland und auch oftmals aus bisherigen Komfortzonen. Genau aber eben die im Rahmen eines Auslandspraktikums benötigten Lösungs- und Bewältigungsansätze für diese Situationen sind es, die deine Persönlichkeit prägen und entwickeln werden.

Persönlichkeitsmerkmale, die während eines internationalen Praktikums besonders ausgebaut werden können, sind bspw. Selbstständigkeit, Eigeninitiative, Engagement, Lösungsorientierung, Selbstbewusstsein, Priorisierung, Motivation, Durchhaltevermögen, Selbstorganisation, Kritikfähigkeit, Kommunikationsfähigkeit, Flexibilität und viele mehr.

> „Ich habe mich in der ersten Hälfte des Praktikums oft darüber geärgert, dass ich einige meiner Unsicherheiten nicht überwinden konnte. Aber mit den positiven Erfahrungen der zweiten Hälfte habe ich an Selbstvertrauen gewonnen und erkenne nun an, dass die eine oder andere Schwierigkeit Teil der Erfahrung war und mich auf zukünftige Berufserfahrungen vorbereitet. Darüber hinaus habe ich durch das Leben im Ausland so viele wertvolle Erfahrungen im Umgang mit Menschen und Kulturen gesammelt, an Selbstständigkeit und Selbstvertrauen gewonnen und mich so sehr geöffnet, dass mich mein Auslandspraktikum nicht nur beruflich, sondern besonders auch persönlich bereichert und weitergebracht hat."
> Laura, Studentin der Historischen und Allgemeinen Sprachwissenschaft

> „Es fiel mir anfangs schwer die Arbeit in die Organisation dieses Praktikums zu stecken und manchmal habe ich mich gefragt: Was machst du da eigentlich? Warum ein zweites Praktikum? Doch jetzt lieber mit dem Master anfangen? Jetzt kann ich sagen: Für mich war es das absolut wert. Ich habe mir damit eine Erfahrung am Ende meines Bachelors erarbeitet, die ich so in keinem Modullehrplan finden konnte: 1 Jahr Auslandspraktika."
> Ludwig, Student der Physik

Neben dem Erwerb und Ausbau von Soft Skills beeinflusst ein längerer Aufenthalt außerhalb des gewohnten Umfelds auch den eigenen Blick auf die Welt innerhalb und jenseits der bekannten Umgebung.

> „Persönlich hat das Praktikum meine Toleranz und Offenheit gefördert. Ich bin froh, in diesen Monaten so vielfältige und unterschiedliche Personen und Kulturen kennengelernt zu haben."
> Franziska, Studentin der Philosophie

Deine interkulturelle Kompetenz kann somit ausgebaut und gestärkt werden. Konkret geht es darum, durch eine Auseinandersetzung mit dem ungewohnten neuen Umfeld ein Bewusstsein für die eigene Rolle in einer globalen Welt zu entwickeln. Dies schließt Sprachkenntnisse, kritische (Selbst-)Reflexion, Beobachtung, Offenheit, Wertschätzung und weitere wichtige Kompetenzen mit ein.

8.3 Schärfung des eigenen Profils für den Arbeitsmarkt

Arbeitgeberinnen wissen um die erhöhten Anforderungen eines Auslandspraktikums und dessen enormem Mehrwert für potenzielle neue Mitarbeiterinnen und Mitarbeiter. Neben der Förderung von Soft Skills sind auch die im Ausland erworbenen interkulturellen und

8.3 Schärfung des eigenen Profils für den Arbeitsmarkt

sprachlichen Kompetenzen von großer Relevanz für die heutige international geprägte Arbeitswelt. Zudem stichst du mit einem Auslandspraktikum besonders positiv bei Bewerbungen hervor. Denn im Unterschied zur ohnehin stets erwünschten Praxiserfahrung im Heimatland (bspw. durch Praktika oder Werkstudiums-Tätigkeiten) zeigst du mit einem Auslandspraktikum klar, dass du weltoffen, neugierig und flexibel bist. Ein Auslandspraktikum grenzt sich durch seinen klaren Praxisbezug auch nochmal deutlich von einem Auslandssemester ab. Ein Auslandspraktikum lässt sich zudem oft gut im Anschluss an ein internationales Semester umsetzen:

> „Insgesamt hat mir das Praktikum in Verona unfassbar viel Spaß gemacht. Es war für mich die beste Entscheidung an das Erasmus+ Studium auch noch ein Praktikum anzuschließen und somit die Struktur wie Wohnung, Freunde etc., welche man sich in einer Stadt im Ausland sowieso schon aufgebaut hat, auch noch für ein Praktikum zu nutzen. Dies würde ich allen empfehlen, die Erasmus+ machen und Lust haben nach den letzten Klausuren noch etwas in der Stadt zu bleiben und auch einen Einblick in das Berufsleben dort zu bekommen."
> Judith, Studentin der Rechtswissenschaft

Je nach Fachgebiet und Branche gibt es zudem Institutionen, Städte und Regionen, die international einen besonders guten Ruf genießen. Mit einem internationalen Praktikum kannst du bereits während des Studiums entscheidende Kontakte für deine weitere Karriere knüpfen. Dein Auslandspraktikum kann somit zum wichtigen Pluspunkt und Türöffner für zukünftige Positionen werden!

> „Zudem ist meine Praktikumsinstitution allein wegen ihres Namens und dessen guten Rufs super im Lebenslauf. Ich habe bereits von mehreren Personen gehört, dass sie aufgrund ihres dortigen Praktikums Jobzusagen erhalten haben. Auch, weil Viele, die in der Kunstwelt einen Namen haben, früher dort schon Praktikant*innen waren. Man knüpft Freundschaften und baut so auch berufliche Kontakte auf."
> Veronika, Studentin der Kunstgeschichte

Darüber hinaus handelt es sich bei Auslandspraktika in der Regel um relevante Praxiserfahrung. „Relevant" meint in diesem Kontext, dass das Praktikum einen direkten Mehrwert und Erkenntnisgewinn für die weitere persönliche, akademische und berufliche Laufbahn ermöglicht. In den meisten Fällen weisen internationale Praktika über deren Anrechnung in Studienmodulen oder die Bewerbung für Stipendienprogramme eine inhaltliche Verbindung zum jeweiligen Studium auf.

8.3.1 Verbesserung der Sprachkenntnisse

In den allermeisten Praktika im Ausland wirst du deinen Alltag in einer Sprache absolvieren, die nicht deine Muttersprache ist. Die erlernte Sprache wird vor Ort dann in Aussprache, Schrift und Hörverständnis umfassend geübt. Im Unterschied zum Aufenthalt in einer Sprachschule im Ausland wird die jeweilige Fremdsprache im Praktikum in einem realen

Umfeld und für die Dauer eines jeweils ganzen Arbeitstages angewendet. Dies kann anfangs herausfordernd sein. Aber: Übung macht die Meisterin!

"Die größte Errungenschaft für mich ist, dass ich sicherer im Gebrauch von Fremdsprachen geworden bin. Mein Italienisch hat sich verbessert und ich bin noch selbstsicherer mit meinem Englisch geworden. Anfangs war ich sehr nervös vor einer Gruppe Native Speakern auf Englisch einen Vortrag zu halten. Durch die vielen Präsentationen, die ich auf Englisch vorgestellt habe, habe ich meine Unsicherheit verloren. […] Vor einem Jahr hätte ich nie erwartet so gut und selbstsicher Englisch sprechen zu können."
Veronika, Studentin der Kunstgeschichte

8.3.2 Freizeitwert

Der Begriff „Workation" hat sich über die letzten Jahre zu einem der aktuellen Trends der Berufswelt entwickelt: Arbeiten dort, wo andere Urlaub machen. Wer hat nach einem Praktikumstag nicht Lust auf eine Prise Meeresluft, ofenfrische Pastéis de Nata oder ein kühles Getränk mit Blick auf die Skyline einer neu zu entdeckenden Stadt?

Zusätzlich zu den wertvollen beruflichen Praxiserfahrungen ermöglichen internationale Praktika auch das Arbeiten in einer neuen und spannenden Umgebung. Diese gilt es auch abseits des Arbeitsalltag zu entdecken. Dabei hast du je nach Ort und eigenen Vorlieben eine Vielzahl an Möglichkeiten. Hier ein paar Ideen:

- Der Besuch von Märkten und das Testen lokaler Delikatessen und Restaurants eignen sich ideal um sich seinem neuen Arbeitsort kulinarisch zu nähern. Bon appétit!
- Das Kennenlernen von „Locals" sowie deren Alltag, Traditionen und Perspektiven. Blicke bewusst über die eigene Wahrnehmung hinaus und tausche dich aktiv mit Einheimischen aus. Dies eignet sich auch wunderbar, um die eigenen Sprachkenntnisse weiter auszubauen.
- Das Erkunden der Natur, Tier- und Pflanzenwelt in und um deinen Praktikumsort holt dich schnell aus deinem Arbeitsalltag heraus. Ob Wanderungen, Surfen, Fahrrad- und Skifahren oder das Erleben von romantischen Sonnenuntergängen – entdecke die Schönheit deines Praktikumslandes! Hierfür eignen sich auch die Wochenenden nach getaner Arbeitswoche wunderbar.
- Das Durchstreifen der abendlichen Bar- und Clubszene eines Ortes ermöglicht es, einfach mit gleichaltrigen Locals in Austausch zu kommen und dabei auch die jeweilige(n) Musikszene(n) kennenzulernen.
- Das Entdecken von ansässigen Museen, Galerien, Künstlerinnen, Theatern und anderen kulturellen Einrichtungen öffnet deinen Blick für die kulturelle Vielfalt in deiner Praktikumsdestination.
- Das Nutzen von Angeboten und Veranstaltungen, die vor Ort speziell für Expats und internationale Studentinnen angeboten werden. Schaue dich in Europa zum Beispiel nach Erasmus+ Events um und treffe Internationals aus anderen Ländern.

Raus aus der Komfortzone und hinein ins Abenteuer Auslandspraktikum!
Wachse während deines Aufenthalts über dich hinaus und baue eine Vielzahl an relevanten Fähigkeiten und Perspektiven weiter aus.

8.4 Voraussetzungen und Hilfreiches für den Aufenthalt

Neben den vielen positiven Effekten eines internationalen Praktikums solltest du dir auch rechtzeitig Gedanken über die notwendigen Basics und nützliches Wissen für dessen Durchführbarkeit machen. Wir empfehlen je nach Land und der Notwendigkeit eines Visums oder einer Arbeitserlaubnis einen Vorlauf von drei bis sechs Monaten. Die folgenden Seiten liefern dir eine Übersicht zu den notwendigen Voraussetzungen für die Realisierung des geplanten Aufenthalts.

8.4.1 Finanzierung

Transport, Miete, Kaution, Impfungen, Visum, Versicherungen, Lebensmittel, Hobbies und Reisen – für ein Auslandspraktikum kommen schnell einige Kosten zusammen. Informiere dich daher rechtzeitig bzgl. einer ausreichenden Finanzierung deines Aufenthalts. Neben der Verwendung von Ersparnissen und finanzieller Unterstützung aus deinem Umfeld, gibt es noch weitere Möglichkeiten, wie du dein Budget für das Auslandspraktikum aufbessern kannst.

Gehalt
Ob du für dein Praktikum Gehalt erhältst und in welcher Höhe, hängt zum einen von der Branche und Länderspezifika sowie der Unternehmensart und -Größe ab. Während Praktikumsgeber im natur- und wirtschaftswissenschaftlichen Bereich ihre Praktikantinnen häufiger vergüten, ist dies bei anderen oft nicht selbstverständlich.

Zum anderen ist es auch eine Frage der eigenen Prioritätensetzung, ob du auch ein unbezahltes Praktikum annehmen könntest oder möchtest.

In manchen Tätigkeitsfeldern können sowohl bezahlte als auch unbezahlte Praktika durchgeführt werden. Beispiele hierfür sind branchenübergreifend relevante Berufsprofile wie Personalwesen, Marketing, EDV/IT, Buchhaltung/Finanzen, etc.

Stipendien
Neben dem Gehalt als Finanzierungsmöglichkeit für dein Praktikum stehen dir zudem Stipendienprogramme zur Verfügung, die du entsprechend nutzen kannst.

Das prominenteste Programm ist dabei Erasmus+. Diese finanzielle Förderung der EU-Kommission ermöglicht es Studentinnen neben Auslandssemestern auch, für Auslandspraktika gefördert zu werden. Informiere dich immer aktuell auf den Erasmus+ Webseiten der jeweiligen Hochschule.

Neben Erasmus+ sind Förderprogramme wie PROMOS, PROSA, verschiedene DAAD-Förderlinien oder auch Auslandsförderungen von deutschen Stipendieninstitutionen eine weitere Finanzierungsmöglichkeit. Beachte hierfür stets individuelle Bewerbungsfristen und Förderkriterien. Diese können sich sowohl zwischen Hochschulen als auch Förderjahren und Stipendiengebern unterscheiden.

Weitere Möglichkeiten der Finanzierung
Auslands-BAföG wird unabhängig vom Inlands-BAföG geprüft. Das bedeutet, dass auch Studentinnen, die im Inland keinen Anspruch auf BAföG haben, im Ausland förderungswürdig sein können. Plane auch hier ausreichend Zeit für die notwendige Bearbeitung des Antrags mit ein.

Neben den bereits genannten Stipendienprogrammen bietet die deutsche Stiftungs- und Stipendienlandschaft weitere Möglichkeiten. Hochschulen haben in der Regel eigene Beratungsstellen rund um das Thema Stipendien und Stiftungen.

8.4.2 Sprachkenntnisse

Stelle sicher, dass du über ein ausreichendes Sprachlevel deiner Arbeitssprache verfügst. Wir empfehlen ein Level von mindestens B1 – je höher desto besser. Immerhin sollst du gut in Arbeitsprozesse und Teamstrukturen integriert werden können.

Tipp: Die Arbeits- und Landessprache muss nicht zwingend identisch sein. Schließe daher nicht vorschnell interessante Praktikumsmöglichkeiten und -Orte aus.

Neben den Sprachkenntnissen während des Praktikums selbst sind auch jene für die Freizeit relevant. Schließlich gibt es auch abseits der Arbeit viel zu entdecken!

Je nach Fach, Branche und Praktikumsinstitution ist auf spezifisches Vokabular zu achten (bspw. Fachsprache in der Medizin, Forschung, Rechtswissenschaften).

Deine Sprachkenntnisse kannst du vor dem Aufenthalt auf verschiedene Weise ausbauen und auffrischen. Hier ein paar Beispiele:

- Sprachkurse am Sprachenlernzentrum deiner Hochschule
- Sprachreisen
- Sprachtandems, privat organisiert oder bspw. auch über lokale Volkshochschulen
- Sprachlern-Apps

8.4.3 Berufs- und bewerbungsrelevante Fähigkeiten

Arbeitserfahrung
Bei der Bewerbung für ein Auslandspraktikum sind – wie für jede andere Bewerbung auch – bereits erworbene relevante Arbeitserfahrungen selbstverständlich von Vorteil. Diese kannst du z. B. im Rahmen eines Werkstudiums oder eines Praktikums erwerben.

Aber: Irgendwann ist immer das erste Mal. Lasse dich von fehlender Praxiserfahrung nicht von einem geplanten Auslandspraktikum abhalten. Umso wichtiger ist es dann, dass du deine Interessen und Stärken sowie relevante Studienschwerpunkte für die Bewerbung herausarbeitest.

Fortbildung
Prüfe das Angebot deiner Hochschule zu Fort- und Weiterbildungen, die für dein Auslandspraktikum relevant sind. Oftmals bietet das jeweilige International Office, der Career Service oder einzelne Fakultäten entsprechende Möglichkeiten. Während eines Auslandspraktikums können verschiedene Kompetenzen erlernt und gefestigt werden. Neben fachlichen und methodischen Kenntnissen sind ebenso soziale Fähigkeiten und sogenannte „Soft Skills" von großer Bedeutung.

Eine gute Vorbereitung ist die halbe Miete!
Oder vielleicht sogar die ganze? Durchdenke dein geplantes Auslandspraktikum, dessen Durchführung und Finanzierung gründlich und mit ausreichend Vorlauf. Nutze die vielfältigen strukturellen, inhaltlichen, beratenden und finanziellen Ressourcen, die dir durch deine Hochschule zur Verfügung gestellt werden.

8.4.4 Dauer und Zeitpunkt des Praktikums

Da nun die Voraussetzungen für dein Auslandspraktikum geklärt sind, stellt sich noch die Frage nach dem passenden Zeitfenster für den geplanten Aufenthalt.

Pflichtpraktika
Pflichtpraktika können von 6 Wochen bis zu 6 Monaten (z. B. Praxissemester) dauern. Informiere dich am besten bei deiner jeweiligen Fachkoordination und in der Prüfungsordnung deines Studienfaches.

Freiwillige Praktika
Bei einem freiwilligen Praktikum entscheidest du selbst, wieviel Zeit du investieren kannst und möchtest. Für ein freiwilliges Praktikum, das über die Semesterferien hinausgeht, gibt es die Möglichkeit, ein Urlaubssemester zu beantragen. Informiere dich rechtzeitig zu den Voraussetzungen auf der Webseite deiner jeweiligen Studentinnenkanzlei.

Allgemein
Grundsätzlich empfehlen wir eine Praktikumsdauer von drei bis sechs Monaten. Diese Zeitspanne gibt dir ausreichend Gelegenheit, vor Ort in das jeweilige Team und deine Aufgabenbereiche zu finden.

Zudem raten wir Erstsemester-Studentinnen dazu, das erste akademische Jahr für Praxiserfahrungen im Heimatland zu verwenden. Nach den ersten beiden Semestern hast du dann einen ausreichend umfassenden Grundstock an theoretischem Wissen und

Fachverständnis sowie ggf. bereits erste Praxiserfahrungen durch Praktika und Werkstudentinnen-Positionen erworben. Auf dieser Basis kannst du dich qualifizierter, zielsicherer und reflektierter für Praktika im Ausland bewerben, was deine Chancen auf eine Zusage erhöht.

Mit Blick auf den organisatorischen Aufwand eines Auslandspraktikums lohnen sich längere internationale Praktika oftmals mehr als kürzere. Sollte das Praktikum länger als ein halbes Jahr dauern, sollte die Qualität des Praktikums im Vorfeld genau geprüft werden. So soll verhindert werden, dass du als Studentinnen längerfristig als günstige Arbeitskraft eingesetzt wirst.

Selbstverständlich haben durch studienbedingte, organisatorische, private und finanzielle Faktoren nicht alle Studentinnen die Möglichkeit, ihr Studium für beliebig viele Monate zu unterbrechen. Auch die vorlesungsfreie Zeit eignet sich daher gut für den Erwerb von (internationaler) Praxiserfahrung. In der Regel sind je nach Klausuren, Abgabefristen und der Länge der vorlesungsfreien Zeiten sechs bis zehn Wochen Praktikumsdauer realistisch.

Jede Praktikumsdauer ermöglicht dir neue und relevante Praxiserfahrungen!
Passe Zeitpunkt und Dauer des Auslandspraktikums an deine individuellen Möglichkeiten und Zielsetzungen an und tausche dich rechtzeitig mit den zuständigen Kontaktpersonen an deiner Hochschule aus. Beachte auch Mindestförderdauern von Stipendien.

8.5 Die Praktikumssuche

Starte rechtzeitig damit, dich mit dem Thema Auslandspraktikum zu beschäftigen. Wir empfehlen eine Zeitspanne von drei bis sechs Monaten vor Praktikumsbeginn. Der Prozess beginnt mit der Identifizierung der eigenen Interessen, Möglichkeiten, Fähigkeiten und Karriereziele. Im Anschluss daran gilt es passende Unternehmen und Einrichtungen zu identifizieren, die Praktika in dem von dir gewünschten Bereich ermöglichen. Hierfür liefern dir die folgenden Seiten eine Hilfestellung.

8.5.1 Welche Institution passt zu mir?

Um herauszufinden, welche Institution die richtige für dein Auslandspraktikum ist, können dir die folgenden Aspekte behilflich sein:

Arbeitsumfeld und Unternehmenskultur
Institutionen sind so unterschiedlich wie ihre Aufgabenbereiche. Entsprechend ist es wichtig, sich zuvor Gedanken über das damit einhergehende Umfeld und die eigenen Vorstellungen zu machen. Es macht einen Unterschied, ob du in kreativen, sozialen, medizinischen, politischen oder innovativen Settings, in einer Behörde oder einem Konzern,

8.5 Die Praktikumssuche

einer Agentur oder Stiftung, einem Labor oder Krankenhaus, einer Schule oder gemeinnützigen Organisation arbeitest.

Es kann außerdem hilfreich sein, sich zu informieren, welche Institutionen in deinem Fachbereich als feste Größen etabliert sind. Gleichzeitig eröffnen auch innovative neue Projekte, Startups und Konzepte die Möglichkeit, die Zukunft deines Fachbereichs mitzugestalten.

Unternehmensgröße
Große, etablierte Unternehmen bieten in der Regel strukturierte Programme und klar abgegrenzte Aufgabenbereiche. Kleinere Institutionen und Startups ermöglichen hingegen oft das Übernehmen von mehr Verantwortung und breiteren Aufgabenfeldern.

Lernmöglichkeiten
Achte darauf, dass das Praktikum die Möglichkeit bietet, neue Fähigkeiten zu erlernen und praktische Erfahrungen zu sammeln. Diese sollten über einfache Verwaltungsaufgaben hinausgehen.

Stelle sicher, dass deine Aufgabenbereiche und das Pensum im Vorfeld des Praktikums besprochen werden. So vermeidest du im Optimalfall bereits vorab eine Über- bzw. Unterforderung während des Aufenthalts. Besonders bei Institutionen, die noch wenig Erfahrung mit dem Einsatz von Praktikantinnen haben, ist ein dahingehend guter Austausch im Vorfeld des Aufenthalts wichtig.

Purpose
Der Purpose – also die Sinnhaftigkeit – der eigenen Arbeit rückt immer mehr in den Fokus von Arbeitnehmenden und damit auch von Studentinnen. Welchen Mehrwert soll das Praktikum stiften – sowohl für dich als auch für andere? Möchtest du dich im Rahmen deines Praktikums sozial engagieren? Wie kannst du deine Fähigkeiten für die Allgemeinheit einbringen? Welche Werte, Perspektiven und Themen möchtest du unterstützen?

Schnittmengen
Recherchiere ausführlich, welche Institutionen die für deine Zielsetzung, Fachrichtung und Fähigkeiten passende Schnittmenge an Themen und Aufgabenfeldern umfassen. Du wirst bei deiner Suche überrascht sein, wie vielfältig die Möglichkeiten in vielen Arbeitsfeldern sind! Du hast zudem die Möglichkeit, auf verschiedenen Wegen einen Einblick in die Arbeitsweise, Kultur und die Werte einer Institution zu erhalten:

Erfahrungsberichte
Recherchiere nach Erfahrungsberichten, die dir einen ehrlichen und realistischen Einblick in die Arbeit bei der jeweiligen Institution gewähren. Oftmals stellen die International Offices oder Career Services der Hochschulen hier eine Vielzahl an Einblicken online zur Verfügung.

Hierbei lohnt es sich oft auch, fächerübergreifend zu recherchieren. Denn oftmals werden in den Erfahrungsberichten viele allgemeingültige Tipps zur Wohnungssuche, Ausflugszielen, etc. thematisiert.

Internet und Netzwerke

Der Online-Auftritt verrät oftmals bereits einiges über die jeweilige Institution. Ob über die Homepage, das Social Media-Profil oder berufsspezifische Plattformen: Wie ist deren Gestaltung? Welche Personen und Themen sind präsent? Wie definiert sich die Institution? Was sind aktuelle Beiträge?

Zudem gibt es online auch mehrere Bewertungs-Plattformen, auf denen ehemalige und aktuelle Mitarbeitende Institutionen bewerten.

Karriere-Events

Vor allem bei global agierenden Unternehmen und Einrichtungen hast du die Möglichkeit, diese bereits persönlich in Deutschland kennenzulernen. Eine gute Möglichkeit bieten hier Karriere-Veranstaltungen, auf denen du direkt mit aktuellen Mitarbeitenden in Austausch kommen kannst. Prüfe dazu das Angebot des Career Services deiner Hochschule.

8.5.2 Wohin soll es gehen?

Bei der Wahl deines Praktikumslandes und -Ortes sind dir nahezu keine Grenzen gesetzt. Viele Faktoren beeinflussen, für welchen Ort du dich letztlich entscheidest: bspw. Sprachkenntnisse, branchenspezifische Kriterien, familiäre und private Faktoren sowie finanzielle Ressourcen. Auch der jeweilige Kulturkreis und Reisemöglichkeiten können eine Rolle spielen. Lass dich bei der Länderwahl zunächst nicht von der Landessprache einschränken:

In der heutigen globalisierten Welt müssen die Landes- und Arbeitssprache nicht zwingend identisch sein. Viele Unternehmen agieren international und nutzen Englisch oder andere Sprachen als Geschäftssprache. Dies eröffnet zahlreiche Möglichkeiten, in verschiedenen Ländern zu arbeiten, ohne zwingend die lokale Sprache auf hohem Niveau sprechen zu müssen. Grundkenntnisse der Landessprache sind jedoch selbstverständlich stets sehr hilfreich.

Viele Länder haben Amtssprachen, die du womöglich bereits beherrschst. So wird Englisch nicht nur in Großbritannien und den USA gesprochen, sondern auch in Irland, Kanada, Australien, Neuseeland, Singapur, Malta und großen Teilen Afrikas. Ebenso ist Französisch neben Frankreich auch Amtssprache in weiten Teilen Kanadas und Ländern Afrikas. Für Spanisch gilt dasselbe: auch in Mittel- und Südamerika wird diese Sprache gesprochen.

Auch finanzielle Mittel beeinflussen die Entscheidung, da die Lebenshaltungskosten in verschiedenen Ländern, Regionen und Städten stark variieren. Daneben sind persönliche

Vorlieben zu berücksichtigen: Die einen bevorzugen das breite Angebot einer Metropole, die anderen die Ruhe ländlicher Gebiete.

Beachte bereits bei den Vorüberlegungen zu deinem Wunschland ein ggf. benötigtes Visum, Arbeitserlaubnis, Versicherungen und Impfungen und plane ausreichend Zeit für deren Einholung ein. Wenn du über einen Pass innerhalb der Europäischen Union verfügst, ist das Reisen und Arbeiten innerhalb der EU unkompliziert möglich. Themen wie Grenzkontrollen, das Einholen einer Arbeitserlaubnis oder eines Visums sind dann in der Regel nicht nötig.

Neben den spannenden Ländern Europas steht dir jedoch auch die ganze Welt offen. Es ist deine Entscheidung, wie weit du für deinen Auslandsaufenthalt in die Ferne reisen möchtest.

Tipps: Vergiss nicht die Überseegebiete europäischer Länder, in die EU-Bürgerinnen oftmals ohne Visum und Arbeitserlaubnis für ein Praktikum einreisen können. Hier eine Auswahl:

- Frankreich: La Réunion, Martinique, Guadeloupe
- Portugal: Madeira und die Azoren

Denke auch abseits der häufig gewählten Pfade. Mit einem Praktikum in einem weniger hochfrequentierten Praktikumsland stichst du bei zukünftigen Bewerbungen nicht nur aus der Masse hervor, sondern musst dich bspw. auch gegen weniger Konkurrenz auf dem Bewerbungs- und Wohnungsmarkt durchsetzen.

8.5.3 Wie finde ich ausgeschriebene Praktikumsstellen?

Bewusst haben wir dieses Kapitel nicht an den Anfang der Praktikumssuche gestellt.

Bei einem Auslandspraktikum handelt es sich um eine besondere Zeit deines Studienverlaufs. Und nicht nur du musst zum Praktikum passen, sondern dieses auch zu deinen Zielsetzungen, Wünschen und Interessen. Wir raten daher dazu, sich nicht ausschließlich auf ausgeschriebene Stellen zu bewerben, sondern sich zuvor mit dem individuellen Mehrwert des Auslandspraktikums für deinen weiteren akademischen, beruflichen und persönlichen Weg zu beschäftigen.

Hinweis: Unterschätze nicht die Erfolgsaussichten und Chancen von Initiativbewerbungen!

Internet
Im Internet gibt es zahlreiche Praktikumssuchmaschinen sowie Job- und Praktikabörsen, bei denen ausländische Firmen ihre Praktikumsangebote veröffentlichen. Oftmals stellen Praktikumsgeber ihre offenen Stellen auch direkt auf den eigenen Homepages ein. Darüber hinaus liefern die jeweiligen nationalen Handelskammern und Berufsverbände relevante Hinweise und Adressen.

Persönliche Kontakte & Netzwerke

Nutze dein akademisches und privates Netzwerk! Frage auch Dozierende, ob diese Institutionen für einen Aufenthalt empfehlen können, relevante Personen kennen und ggf. einen Kontakt herstellen können. Auch ein Empfehlungsschreiben kann ein entscheidender Türöffner sein.

Lehrstühle und Institute haben zudem oftmals ein physisches oder digitales „Schwarzes Brett", auf dem aktuelle Stellenausschreibungen veröffentlicht werden. Nutze außerdem die Möglichkeiten, die berufsspezifische Plattformen bieten und baue auch online ein hilfreiches Netzwerk auf.

Vermittlung

Neben den bereits genannten Möglichkeiten kannst du auch über eine Vermittlungsagentur an ein Auslandspraktikum gelangen. Diese Variante ist jedoch zumeist mit Kosten verbunden.

Wir raten dazu, sich zunächst mit den oben genannten Optionen zu befassen, bevor du eine Vermittlungsagentur beauftragst. Sollte deine Suche jedoch sehr kurzfristig oder an bestimmte Kriterien (bspw. Praktikum mit Beeinträchtigung, Praktikum als Elternteil, Teilzeitpraktika) gebunden sein, kann eine Vermittlung eine zielführende Lösung darstellen.

8.5.4 Wie bewerbe ich mich?

Wenn du nun also potenzielle Einrichtungen, Unternehmen und Organisationen für das Auslandspraktikum identifiziert hast, kannst du in den Bewerbungsprozess starten. Dabei macht es einen Unterschied, ob du dich auf eine ausgeschriebene Position oder initiativ bei einer Institution bewirbst.

Bewerbung auf eine ausgeschriebene Position

Wie für Bewerbungen auf dem deutschen Arbeitsmarkt, besteht eine Bewerbung auch im internationalen Kontext grundsätzlich aus einem Motivationsschreiben, Lebenslauf und den Nachweisen zu Abschlüssen, Fortbildungen, usw.

Beachte beim Erstellen der Bewerbungsunterlagen für das Auslandspraktikum, dass es länder- und branchenspezifische Unterschiede gibt. So unterscheidet sich bspw. der Aufbau, die Verwendung eines Fotos und die Angabe persönlicher Daten auf dem Lebenslauf teils deutlich von Land zu Land.

Wie für jede Bewerbung: stelle sicher, dass deine Unterlagen individuell auf die jeweilige Stellenausschreibung zugeschnitten sind. Das Gegenüber merkt schnell, ob es sich bei deiner Bewerbung um echtes Interesse oder um eine schnelle „copy-paste-Bewerbung" handelt.

8.5 Die Praktikumssuche

Prüfe, ob der Career Service deiner Hochschule eine Beratung zu Bewerbungsunterlagen anbietet und nutze diese Angebote mit ausreichend Vorlauf zu ggf. vorhandenen Bewerbungsfristen.

Initiativbewerbung
Häufig wirst du bei deiner Recherche auf eine Institution stoßen, die dich zwar begeistert, gerade jedoch keine (passende) Stellenausschreibung veröffentlicht hat. Das bedeutet aber nicht, dass du dort nicht in dein Traumpraktikum starten kannst!

Stelle sicher, dass du vor dem Erstkontakt umfassend zu deinem möglichen Einsatz als Praktikantin recherchierst: In welcher Abteilung möchtest du arbeiten? Welche Aufgabenbereiche kannst du ggf. übernehmen? Welche relevanten Vorerfahrungen und Kenntnisse bringst du mit? Wie kannst du die Abläufe unterstützen und einen Mehrwert stiften? Welche Ansprechperson ist der richtige Erstkontakt?

Thema Erstkontakt
- Da du dich ohne Stellenausschreibung bewirbst, musst du zunächst klären, an welche Ansprechperson du dich wendest. Meist lassen sich über die Homepage die jeweiligen fachlichen Ansprechpersonen finden. Sollte dies nicht der Fall sein, ist je nach Größe und Art der Institution zunächst die jeweilige Personalabteilung oder die Assistenz der Geschäftsführung zu kontaktieren. Diese wird deine Anfrage prüfen und entsprechend weiterleiten.
- Als Erstkontakt empfiehlt sich eine E-Mail an die jeweilige Ansprechperson inkl. deines sprachlich entsprechend angepassten Lebenslaufs in landestypischer Form. Stelle Folgendes sicher:
  - Deine Nachricht sollte wie ein kurzes Motivationsschreiben aufgebaut sein und klar dein Interesse, deine Motivation und deine Ideen für das Praktikum darlegen.
  - Liefere dem Gegenüber am besten bereits zu Beginn alle wichtigen Rahmen-Informationen, welche die Person zum Einschätzen der Anfrage benötigt: dein möglicher Zeitraum und die angedachte Dauer, Wochenarbeitszeit, Interessen & Kenntnisse, Wunschaufgaben und -Abteilung, etc.
  - Biete an, dass du bei Interesse auch gerne noch eine vollständige Bewerbung inkl. Anschreiben, Zertifikaten, etc. einreichen kannst (siehe „Bewerbung auf eine ausgeschriebene Position").
  - Biete an, dass du für ein erstes Kennenlernen und eine Besprechung der Einsatzmöglichkeiten gerne für einen zeitnahen Video-Call oder ein Telefonat bereitstehst.
  - Ebenso wie bei der schriftlichen Bewerbung sind beim Bewerbungsgespräch länderspezifische Besonderheiten zu beachten.

It's a match! Isn't it?
Nicht jede Institution und jede Position „matcht" auch tatsächlich mit deinen Zielsetzungen, Fähigkeiten und Bedürfnissen. Recherchiere und reflektiere im Vorfeld einer Bewerbung dazu ausführlich. Nutze darüber hinaus die dir zur Verfügung stehenden Ressourcen, wie etwa auch akademische Kontakte und berufsspezifische Onlineplattformen. Unterschätze nicht die Erfolgschancen von Initiativbewerbungen, sollte deine Wunschinstitution gerade keine passende Stelle ausgeschrieben haben.

8.6 Checkliste für das Auslandspraktikum

Zum Abschluss des Kapitels rund um Auslandspraktika stellen wir dir hier noch eine Checkliste zur Verfügung, welche du für deine Vorbereitung, Durchführung sowie den Abschluss des Aufenthalts verwenden kannst.

8.6.1 Phase 1: Sichern der Praktikumszusage

- 3 bis 6 Monate Vorlauf einplanen
- ausführliche Recherche zu möglichen Institutionen und Orten
- Kontakt zu hilfreichen Personen und auch zu Wunsch-Institutionen aufnehmen
- Bewerbungsprozess
    - sorgfältige Erstellung der Bewerbungsunterlagen
    - Einreichen der Unterlagen
    - Durchführung des Vorstellungsgesprächs
    - Vereinbaren der Konditionen für das Praktikum
    - Zusage

8.6.2 Phase 2: Nach der Zusage

- Unterzeichnung des Praktikumsvertrags
- ggf. Beantragung Visum und Arbeitserlaubnis
- ggf. Bewerbung für ein Stipendium
- Check des Reisepasses
- Abschließen einer Kranken-, Haftpflicht-, Unfallversicherung
- ggf. Durchführen notwendiger Impfungen
- Suche der Unterkunft am Praktikumsort
- Untervermietung für die Wohnung/das Zimmer zuhause
- Buchung des Flug-, Bus- oder Bahntickets
- Beantragung eines internationalen Studentinnenausweises (bspw. praktisch für Ermäßigungen)

- Auffrischen der Sprachkenntnisse
- Interkulturelle Vorbereitung
- Information über das Zielland und den Zielort

8.6.3 Phase 3: Im Praktikumsland

- Melden beim Bürgerbüro
- ggf. Beantragung der Lohnsteuerkarte
- ggf. Eröffnen eines Bankkontos
- ggf. Anpassung des Handyvertrags oder Anschaffung einer Prepaidkarte
- Erwerb der Fahrkarte für öffentliche Verkehrsmittel

8.6.4 Phase 4: Nach dem Praktikum

- Einholen des Praktikumszeugnisses
- ggf. Einreichen der Abschlussunterlagen für Stipendienprogramme
- ggf. Einreichen der Unterlagen für die Anrechnung von Pflichtpraktika

Weitere Informationen findest du in unserer Online-Broschüre: Grenzen überwinden – Perspektiven eröffnen. Informationen für den Weg ins Auslandspraktikum.[1]

---

[1] https://cms-cdn.lmu.de/media/lmu/downloads/career-service/praktika/broschuere/broschuere-auslandspraktika.pdf.

Qualität vor Quantität 9

Wenn du an deine berufliche Zukunft denkst, ist es leicht, sich von der Idee überwältigen zu lassen, dass mehr immer besser ist. Besonders, wenn es um Praktika geht. Qualität geht gerade hier vor Quantität. Es geht nicht darum, wie viele Praktika du absolviert hast, sondern darum, welches Praktikum, welche Praktika Du absolviert hast und was du aus jedem einzelnen für dich(!) persönlich und fachlich mitnimmst. Die folgenden praxisgeleiteten Kapitel sollen dich dabei begleiten, das Beste aus jedem Praktikum zu holen.

9.1 Warum Qualität über Quantität geht

Ein hochwertiges Praktikum bietet dir die Möglichkeit, tief in ein Berufsfeld einzutauchen, wertvolle Fähigkeiten zu erwerben und ein Netzwerk aufzubauen, das dir langfristig nützlich sein wird. Ein solches Praktikum kann dir helfen, Klarheit über deine beruflichen Ziele zu gewinnen und dich auf deine zukünftige Karriere vorzubereiten. Auch ein „schlechtes" Praktikum kann Dir wertvolle Erfahrungen mit auf den Weg geben, dir u. a. aufzeigen, welchen Weg du nicht gehen willst.

Ein gutes Praktikum sollte dir die Möglichkeit bieten, aktiv an Projekten im Unternehmen, in der Organisation mitzuarbeiten, Verantwortung zu übernehmen und wertvolle Einblicke in die Arbeitsweise des Unternehmens zu gewinnen. Es sollte nicht nur darum gehen, einfache Aufgaben zu erledigen, sondern auch darum, neue Fähigkeiten zu erwerben und dich weiterzubilden.

Praktika sind nicht nur in Unternehmen eine wertvolle Erfahrung, sondern auch in politischen oder sozialen Organisationen von großer Bedeutung. Auch in diesen vermeintlich „nicht-wirtschaftlichen" Bereichen ist es entscheidend, Kenntnisse aus verschiedenen Studiengebieten wie der Betriebswirtschaftslehre, der Psychologie und der Soziologie zu kennen, zu versehen, anzuwenden. Sie helfen dabei, komplexe Zusammenhänge zu verstehen, strategische Entscheidungen zu treffen und mit Menschen unterschiedlichster Hintergründe zu interagieren. Ob es darum geht, soziale Projekte zu managen, politische Kampagnen zu koordinieren oder die Gemeinschaft zu stärken – die Fähigkeit, interdisziplinäres Wissen einzusetzen, spielt eine zentrale Rolle für den Erfolg solcher Praktika.

9.1.1 Tiefgehende Lernerfahrungen

Ein qualitativ hochwertiges Praktikum bietet dir die Möglichkeit, tief in ein Berufsfeld einzutauchen und wertvolle Fähigkeiten zu erwerben. Es geht nicht nur um oberflächliche Einblicke, sondern darum, praktische Erfahrungen zu sammeln, die dich auf deine zukünftige Karriere vorbereiten.

9.1.2 Netzwerkaufbau

Während eines Praktikums hast du die Chance, wertvolle Kontakte zu knüpfen. Diese Netzwerke können dir langfristig helfen, berufliche Möglichkeiten zu erkennen und zu nutzen. Netzwerken ist eine Fähigkeit, die mit Übung und einer positiven Einstellung immer leichter fällt. Hier sind drei konkrete Tipps, wie du den Einstieg schaffen kannst:

- Stelle dich deinen Kolleginnen vor, sei neugierig und zeige echtes Interesse an ihrer Arbeit. Ein kurzer Kaffee oder ein informelles Gespräch kann Türen öffnen.
- Nimm an Veranstaltungen teil: Viele Unternehmen bieten interne Events oder Weiterbildungen an. Dies sind großartige Gelegenheiten, um mit anderen ins Gespräch zu kommen und dich als engagierte Person zu präsentieren.
- Nutze soziale Medien und Vernetzungsplattformen: Plattformen wie LinkedIn ermöglichen es dir, Kontakte zu knüpfen und deine beruflichen Interessen zu teilen. Folge den Kolleginnen, die du kennenlernst, und beteilige dich aktiv an Diskussionen oder relevanten Gruppen.

Zeige dich offen, hilfsbereit und daran interessiert, langfristige Beziehungen aufzubauen. Wenn du eher introvertiert bist, konzentriere dich darauf, wenige, dafür aber tiefgehende Beziehungen aufzubauen. Wähle gezielt eine oder zwei Personen aus, deren Arbeit dich besonders interessiert, und suche das Gespräch in einem ruhigen Rahmen, etwa nach einem Meeting oder per E-Mail. Dies reduziert den Druck, dich in großen Gruppen zu behaupten, und ermöglicht bedeutungsvolle Kontakte.

9.1.3 Persönliche und berufliche Entwicklung

Ein gutes Praktikum fördert nicht nur deine fachlichen Fähigkeiten, sondern auch deine persönliche Entwicklung. Du lernst, Verantwortung zu übernehmen, im Team zu arbeiten und dich an neue Herausforderungen anzupassen. Die Aufgaben, die dir anvertraut werden, sind eine Chance, innovative Ansätze einzubringen und unter Beweis zu stellen, dass du in der Lage bist, komplexe Probleme zu lösen. Gleichzeitig kannst du durch deine Beiträge die Dynamik eines Teams bereichern und lernen, wie professionelle Arbeitsprozesse optimiert werden. Diese Erfahrungen formen nicht nur deine Kompetenzen, sondern hinterlassen auch einen bleibenden Eindruck bei Kolleginnen und Vorgesetzten – ein Schritt, der deine berufliche Entwicklung entscheidend voranbringen kann.

9.1.4 Karrierechancen

Unternehmen schätzen Bewerberinnen, die ein oder mehrere qualitativ hochwertige Praktika absolviert haben. Diese Erfahrungen können den Unterschied machen, wenn es um die Vergabe von Stellen oder die Einladung zu Vorstellungsgesprächen geht.

9.1.5 Praktische Erfahrungen im Ehrenamt

Ehrenamtliche Tätigkeiten können genauso wertvoll sein wie Praktika und bieten dir die Möglichkeit, dich sozial zu engagieren und gleichzeitig relevante Fähigkeiten zu entwickeln. Sie zeigen potenziellen Arbeitgeberinnen, dass du bereit bist, Zeit und Energie in gemeinnützige Projekte zu investieren, was deine Teamfähigkeit, Empathie und deinen Einsatz betont. Darüber hinaus eröffnen ehrenamtliche Tätigkeiten oft die Chance, Verantwortung zu übernehmen und in Bereichen tätig zu werden, die direkt mit deinen Interessen oder beruflichen Zielen verknüpft sind. Ob es darum geht, bei einer Organisation mitzuarbeiten, Events zu planen oder Menschen direkt zu helfen – diese Erfahrungen können dich sowohl persönlich als auch beruflich bereichern.

9.1.6 Selbstreflexion und Klarheit

Ein gutes Praktikum hilft dir, Klarheit über deine beruflichen Ziele zu gewinnen. Es ermöglicht dir, deine Stärken und Schwächen zu erkennen und zu verstehen, welche Berufsfelder wirklich zu dir passen.

Praktika bieten dir die Möglichkeit, deine Stärken mit greifbaren Beispielen aus der Praxis zu belegen. Ob es darum geht, deine analytischen Fähigkeiten bei der Lösung komplexer Aufgaben zu beweisen oder deine Kommunikationsstärke in Teamprojekten zu zeigen – praktische Erfahrungen machen deine Kompetenzen sichtbarer und glaubwürdiger. Gleichzeitig erlauben sie dir, gezielt an Bereichen zu arbeiten, in denen du dich noch verbessern möchtest. Sei es, indem du in einem herausfordernden Umfeld an deinem Zeitmanagement feilst oder durch direkte Rückmeldungen von Kolleginnen und Mentorinnen lernst, wie du deine Arbeitsweise optimieren kannst. Diese duale Entwicklung – Stärken hervorheben und Schwächen aktiv angehen – macht Praktika zu einem unverzichtbaren Bestandteil deiner beruflichen und persönlichen Weiterentwicklung.

9.1.7 Checkliste: Wie erkenne ich ein qualitativ hochwertiges Praktikum?

Klare Lernziele Ein gutes Praktikum hat klare Lernziele und Erwartungen. Du solltest wissen, was von dir erwartet wird und welche Fähigkeiten du entwickeln wirst.

Betreuung und Mentoring Achte darauf, dass du während deines Praktikums betreut wirst. Eine Mentorin kann dir helfen, das Beste aus deiner Erfahrung herauszuholen und dir wertvolles Feedback geben.

Praktische Erfahrung Ein qualitativ hochwertiges Praktikum bietet dir die Möglichkeit, praktische Erfahrungen zu sammeln. Du solltest nicht nur zuschauen, sondern aktiv an Projekten mitarbeiten und Verantwortung übernehmen.

Netzwerkmöglichkeiten Nutze die Gelegenheit, Kontakte zu knüpfen. Ein gutes Praktikum öffnet Türen zu zukünftigen Berufsmöglichkeiten und gibt dir die Chance, dich mit Fachleuten in deinem Bereich zu vernetzen.

Vielfältige Aufgabenbereiche Ein gutes Praktikum sollte dir die Möglichkeit bieten, in verschiedenen Bereichen tätig zu werden, um ein umfassendes Verständnis für die Arbeitsprozesse und die Struktur des Unternehmens zu erhalten.

Weiterbildungsmöglichkeiten Qualitativ hochwertige Praktika beinhalten häufig zusätzliche Angebote wie Schulungen, Workshops oder Seminare, die dir helfen, deine Kenntnisse zu vertiefen und neue Fähigkeiten zu erlernen.

Kulturelle Passung Eine angenehme und unterstützende Unternehmenskultur, die deine Werte und Arbeitsweise reflektiert, ist ein wichtiger Aspekt eines guten Praktikums.

Faire Vergütung Auch wenn nicht alle Praktika bezahlt werden, zeigt eine faire Vergütung die Wertschätzung des Unternehmens für deine Arbeit und deinen Beitrag.

Feedback- und konstruktive Fehlerkultur Regelmäßige und konstruktive Rückmeldungen sind essenziell, um aus deinen Erfahrungen zu lernen und deine persönliche sowie berufliche Entwicklung zu fördern.

Welche Aspekte sind Dir persönlich wichtig?…

9.2 Warum Methoden des Experiential Learning nutzen?

Experiential Learning, oder erfahrungsbasiertes Lernen, ist ein kraftvolles didaktisches Modell, das auf der Überzeugung beruht, dass nachhaltiges Lernen durch aktive Erfahrung entsteht. Dieses Buch folgt diesem Ansatz und bietet dir eine unterstützende Orientierung während deines Praktikums – ohne Anspruch auf Vollständigkeit oder umfassende Bearbeitung. Es dient als Leitfaden, der dir dabei hilft, einen praxisnahen Zugang zu deinem beruflichen Werdegang zu finden. Pick dir also die Themen und Aufgaben heraus, die zu deinem Praktikum und dem, was du dort lernen willst, passen.

9.2.1 Aktives Lernen

Durch die aktive Auseinandersetzung mit realen Situationen und Projekten während deines Praktikums kannst du theoretisches Wissen in die Praxis umsetzen und vertiefen. Ein Praktikum bietet die Gelegenheit, deine sozialen und kommunikativen Fähigkeiten auszubauen, indem du dich mit verschiedenen Teams und Arbeitsstilen auseinandersetzt. Durch die Konfrontation mit alltäglichen Herausforderungen lernst du, Lösungen zu erarbeiten und flexibel auf neue Situationen zu reagieren. Gleichzeitig kannst du deine Eigeninitiative fördern, indem du selbstständig Projekte vorantreibst und Verantwortung übernimmst. Dies stärkt nicht nur deine Kompetenzen, sondern auch dein Selbstvertrauen und deine Fähigkeit, in einem professionellen Umfeld zu agieren. Ein weiterer zentraler Punkt ist die Möglichkeit, deine Zielsetzungen zu überprüfen und herauszufinden, welche beruflichen Themen dir am meisten zusagen und wie diese mit deinen langfristigen Karriereplänen harmonieren.

9.2.2 Reflexion

Die Reflexion über deine Erfahrungen ist ein zentraler Bestandteil eines erfolgreichen Praktikums, da sie dir ermöglicht, deine Lernfortschritte nicht nur zu verstehen, sondern auch gezielt zu vertiefen. Durch Selbstreflexion kannst du erkennen, wie du auf bestimmte Herausforderungen reagierst, welche Stärken du ausbaust und wo es Raum für Verbesserungen gibt. Diese ehrliche Analyse deiner eigenen Leistung schärft dein Bewusstsein für deine berufliche und persönliche Entwicklung.

Genauso wichtig ist es, aktiv Feedback von anderen einzufordern und dieses konstruktiv zu reflektieren. Ob von Kolleginnen, Vorgesetzten oder Mentorinnen – die Rückmeldungen anderer bieten dir Perspektiven, die dir selbst möglicherweise entgangen sind, und helfen dir, eine umfassendere Sichtweise auf deine Arbeit und dein Verhalten zu entwickeln. Regelmäßiges Feedback gibt dir nicht nur die Möglichkeit, aus Fehlern zu lernen und Fortschritte zu machen, sondern fördert auch deine Fähigkeit, Kritik anzunehmen und eigenständig Lösungsschritte zu erarbeiten.

Die Kombination aus Selbstreflexion und der aktiven Integration von externem Feedback unterstützt dich dabei, eine Kultur des kontinuierlichen Lernens zu entwickeln. Sie schafft die Grundlage, auf der du langfristig deine Kompetenzen ausbauen und eine professionelle Haltung entwickeln kannst, die dir in zukünftigen beruflichen Situationen von großem Vorteil sein wird.

9.2.3 Anwendung: Von der Wissenschaft in die Praxis umsetzen

Praktika bieten dir die Gelegenheit, dein wissenschaftliches Wissen in die Praxis umzusetzen und dessen Relevanz für reale Arbeitskontexte zu erfahren. Jeder wissenschaftliche Fachbereich – auch und vor allem jenseits der sog. „arbeitsmarktnahen" Fächer – birgt praxisrelevante Aspekte, die für die Arbeitswelt wichtig sind. Es gibt keine sogenannten „Orchideenfächer", denn jede Disziplin trägt auf ihre Weise dazu bei, Lösungen für praktische Herausforderungen zu entwickeln.

Ein besonders aktuelles Beispiel für die Praxisrelevanz geistes-, sprach-, sozial- und humanwissenschaftlicher Erkenntnisse ist die Entwicklung und Anwendung von künstlicher Intelligenz (KI) als Sprachmodell. KI funktioniert nur, weil sie auf den Fundamenten der Sprachwissenschaften, Erkenntnissen der Sozialwissenschaften sowie der kulturellen und historischen Kontexte basiert. Ohne das Verständnis von Semantik, Syntax und Pragmatik wäre die Fähigkeit der KI, natürliche Sprache zu verarbeiten, unmöglich. Ebenso tragen sozialwissenschaftliche Einsichten dazu bei, Sprache in ihrem gesellschaftlichen und kulturellen Kontext zu interpretieren, während Erkenntnisse aus der Literatur und Philosophie dabei helfen, Nuancen und kreative Ausdrucksweisen zu erfassen. KI zeigt eindrucksvoll, dass Lösungen in der technologischen Welt auf interdisziplinären Grundlagen beruhen.

Praktika ermöglichen es also, die theoretischen Ansätze, Methoden und Erkenntnisse aus jedem Studium gezielt anzuwenden. Darüber hinaus fördern sie nicht nur die fachliche Kompetenz, sondern auch interdisziplinäres Denken und schöpferische Kreativität – Eigenschaften, die in unserer vernetzten und komplexen Arbeitswelt immer wichtiger werden.

9.3 Warum sowohl fachbezogene als auch fachfremde Praktika absolvieren?

Es lohnt sich, sowohl fachbezogene als auch fachfremde Praktika zu absolvieren, um ein breites Spektrum an Erfahrungen zu sammeln. Fachfremde Praktika sind eine wertvolle Ergänzung, um interdisziplinäre Denkweisen zu fördern und Synergien zwischen verschiedenen Wissensgebieten zu entdecken. Sie ermöglichen dir, die Perspektiven anderer Disziplinen kennenzulernen und deren Methoden und Ansätze zu verstehen.

Diese Erfahrungen können dazu beitragen, kreative Lösungsansätze zu entwickeln, die sowohl in deinem Fachgebiet als auch darüber hinaus von Nutzen sind. Zudem bieten fachfremde Praktika die Gelegenheit, persönliche Interessen weiterzuverfolgen und Fähigkeiten zu erwerben, die möglicherweise in deinem Kernbereich nicht vermittelt werden, dich aber dennoch bereichern und deine berufliche Flexibilität stärken.

9.3.1 Fachbezogene Praktika

Diese Praktika helfen dir, dein theoretisches Wissen aus dem Studium in die Praxis umzusetzen und spezifische Fähigkeiten in deinem Fachbereich zu entwickeln. Fachbezogene Praktika sind aus folgenden Gründen wichtig:

- **Vertiefung des Fachwissens im eigenen fachlichen Umfeld**: Durch die direkte Anwendung und Vertiefung des theoretischen Wissens im praktischen Umfeld kannst du ein tieferes Verständnis für dein Studienfach entwickeln und komplexe Zusammenhänge besser erfassen.
- **Praktische Erfahrung in direktem Bezug zum Studium**: Fachbezogene Praktika bieten dir die Möglichkeit, erste berufliche Erfahrungen zu sammeln und zu sehen, wie dein Studienwissen in der Praxis genutzt wird. Diese Erfahrungen sind wertvoll für deine zukünftige Karriere.
- **Netzwerkaufbau um den eigenen Fachbereich herum**: Während deines Praktikums hast du die Gelegenheit, Kontakte zu Fachleuten und Expertinnen in deinem Bereich zu knüpfen. Ein starkes berufliches Netzwerk kann dir helfen, zukünftige Jobmöglichkeiten zu erschließen und von den Erfahrungen anderer zu lernen.
- **Entwicklung spezifischer Fähigkeiten**: Fachbezogene Praktika ermöglichen es dir, spezifische Fähigkeiten und Techniken zu erlernen, die in deinem Studienfeld wichtig sind. Dies kann den Umgang mit bestimmten Werkzeugen, Software oder Methoden umfassen.
- **Karriereorientierung im fachlichen Umfeld des Studiums**: Solche Praktika helfen dir, besser zu verstehen, welche beruflichen Wege und Spezialisierungen dir nach dem Studium offenstehen. Du kannst herausfinden, welche Aspekte deines Fachs dir besonders liegen und welche weniger.

9.3.2 Fachfremde Praktika

Fachfremde Praktika bieten dir die Möglichkeit, neue Perspektiven zu gewinnen und Fähigkeiten zu entwickeln, die über dein Fachgebiet hinausgehen. Sie können dir helfen, deine Interessen zu erweitern und neue Karrierewege zu entdecken. Hier sind einige Gründe, warum fachfremde Praktika wichtig sein können:

- **Erweiterung des Horizonts**: Durch fachfremde Praktika kannst du Einblicke in andere Berufsfelder und Branchen erhalten, die dir sonst möglicherweise verschlossen blieben. Diese Erfahrungen können dir helfen, ein breiteres Verständnis der Arbeitswelt zu entwickeln und neue Interessen zu entdecken.
- **Entwicklung vielseitiger Fähigkeiten**: Fachfremde Praktika bieten dir die Möglichkeit, Fähigkeiten zu entwickeln, die in deinem Fachgebiet möglicherweise nicht im Fokus stehen, aber dennoch wertvoll sind. Dazu gehören beispielsweise Kommunikationsfähigkeiten, Teamarbeit, Problemlösungsfähigkeiten und organisatorische Fähigkeiten.
- **Steigerung der Anpassungsfähigkeit**: In einer sich ständig verändernden Arbeitswelt ist es wichtig, anpassungsfähig zu sein und sich schnell auf neue Situationen einstellen zu können. Fachfremde Praktika fordern dich heraus, dich in unbekannten Umgebungen zurechtzufinden und neue Aufgaben zu bewältigen.
- **Verbesserung der Beschäftigungsfähigkeit**: Arbeitgeberinnen schätzen oft Kandidatinnen, die über ein vielfältiges Erfahrungsspektrum verfügen und in der Lage sind, verschiedene Perspektiven einzubringen. Interdisziplinäres Denken und Arbeiten werden in unserer Arbeitswelt immer wichtiger. Fachfremde Praktika können deinen Lebenslauf bereichern und dir helfen, dich von anderen Bewerberinnen abzuheben.
- **Persönliche Entwicklung**: Fachfremde Praktika können auch zur persönlichen Entwicklung beitragen, indem sie dir helfen, deine Stärken und Schwächen besser kennenzulernen und Selbstvertrauen zu gewinnen. Sie können dir die Möglichkeit bieten, neue Interessen zu entdecken und deine beruflichen Ziele zu überdenken.
- **Netzwerkaufbau**: Auch in fachfremden Praktika hast du die Möglichkeit, wertvolle Kontakte zu knüpfen und dein berufliches Netzwerk zu erweitern.
- **Förderung der Kreativität**: Durch die Auseinandersetzung mit neuen und unterschiedlichen Arbeitsumgebungen kannst du deine Kreativität fördern und neue Ideen entwickeln. Dies kann nicht nur in deinem fachfremden Praktikum, sondern auch in deinem späteren Berufsleben von Vorteil sein.
- **Roter Faden im CV erkennbar**

9.4 Checkliste für ein gutes Praktikum

1. **Lernmöglichkeiten**: Ein gutes Praktikum bietet zahlreiche Gelegenheiten, neue Fähigkeiten und Kenntnisse zu erwerben und die theoretisch erlernten Inhalte praktisch anzuwenden.

2. **Unterstützung und Betreuung**: Eine kompetente Betreuung durch erfahrene Fachkräfte ist essenziell, um eine optimale Lern- und Entwicklungsumgebung zu gewährleisten.
3. **Relevanz und Bezug zum Studienfach**: Das Praktikum sollte direkt mit dem Studienfach oder den beruflichen Interessen der Praktikantin zusammenhängen, um wertvolle Erfahrungen und Einblicke zu bieten.
4. **Netzwerkmöglichkeiten**: Der Zugang zu einem professionellen Netzwerk kann zukünftige Karrieremöglichkeiten eröffnen und wertvolle Kontakte für die berufliche Zukunft schaffen.
5. **Arbeitsumfeld und Unternehmenskultur**: Ein positives Arbeitsumfeld und eine unterstützende Unternehmenskultur sind wichtig, um die Motivation und Zufriedenheit während des Praktikums zu fördern.
6. **Eigenverantwortliches Arbeiten**: Ein gutes Praktikum sollte dir die Möglichkeit bieten, so eigenverantwortlich wie möglich zu arbeiten und mit anspruchsvollen Aufgaben betraut zu werden.
7. **Projektarbeit**: Die Möglichkeit, an einem Projekt mitzuarbeiten, ist ein Zeichen für ein qualitativ hochwertiges Praktikum.
8. **Erfahrungsaustausch**: Ein gutes Praktikum ermöglicht es dir, von der Erfahrung des Teams zu profitieren und zu lernen.
9. **Betreuung durch das Unternehmen**: Ein gutes Praktikum zeichnet sich durch eine angemessene Betreuung durch das Unternehmen aus, z. B.: guter Einarbeitungsplan, Mentorinnen.
10. **Klare Erwartungen und Ziele**: Ein gutes Praktikum hat klare Erwartungen und Ziele, die vor Beginn des Praktikums kommuniziert werden.

Denke daran, dass jedes Praktikum eine wertvolle Erfahrung ist, unabhängig davon, ob es optimale Bedingungen hatte oder nicht. Wichtig ist, dass du daraus lernst und dich weiterentwickelst. Qualität steht immer an erster Stelle, und mit der richtigen Planung und Einstellung wirst du das Beste aus jedem Praktikum herausholen.

9.5 Checkliste für deine Praktikumspläne

Nachfolgend findest Du ein paar konkrete Punkte, die dir bei der Planung und Gestaltung deines Praktikums als Meta-Leitlinien helfen können.

1. **Zielsetzung**: Welche Ziele möchte ich mit dem Praktikum erreichen?
2. **Berufsfeld**: In welchem Berufsfeld möchte ich mein Praktikum absolvieren?
3. **Fähigkeiten und Kenntnisse**: Welche spezifischen Fähigkeiten und Kenntnisse möchte ich während des Praktikums erlernen oder vertiefen?
4. **Unternehmen und Organisationen**: Welche Unternehmen oder Organisationen bieten Praktika in meinem gewünschten Bereich an?

5. **Zeitplanung**: Welche Dauer und welche Zeitfenster sind für mein Praktikum realistisch? Soll es ein kurzes Praktikum in den Semesterferien, ein längeres über ein Semester oder eine Stelle als Werkstudentin sein?
6. **Finanzielle Unterstützung**: Benötige ich finanzielle Unterstützung und welche Möglichkeiten gibt es dafür (insbes. Bei Praktika im Ausland)? Wie viel Gehalt bekomme ich und reicht es zur Finanzierung meines Lebensunterhalts in dieser Zeit?
7. **Rechtliche Rahmenbedingungen**: Sind die rechtlichen Rahmenbedingungen für mein Praktikum geklärt?
8. **Reisebereitschaft**: Wie weit bin ich bereit, für ein Praktikum zu reisen oder sogar ins Ausland zu gehen?
9. **Netzwerk- und Weiterbildungsmöglichkeiten**: Welche Netzwerkmöglichkeiten und Weiterbildungsmöglichkeiten bietet das Praktikumsunternehmen? Es kann hilfreich sein, direkt die Frage zu stellen: Was werde ich während meines Praktikums bei Ihnen lernen?
10. **Langfristige berufliche Ziele**: Kann ich sicherstellen, dass das Praktikum zu meinen langfristigen beruflichen Zielen passt?

Quick Checklisten für deine Bewerbung 10

10.1 Quickcheck-Liste für den Lebenslauf (CV)

Persönliche Informationen
- Vollständiger Name
- Kontaktinformationen (Telefonnummer, E-Mail-Adresse)
- Adresse
- LinkedIn-Profil

Akademischer und schulischer Werdegang
- Name der Bildungseinrichtung (korrekte Schreibweise!)
- Abschluss (z. B. Bachelor, Master)
- Studienfach und Nebenfächer
- Abschlussdatum oder voraussichtliches Abschlussdatum

Berufserfahrung/Praktika
- Name des Unternehmens
- Position oder Rolle
- Zeitraum der Beschäftigung
- Kurze Beschreibung der Aufgaben und Verantwortlichkeiten
- Wichtige Erfolge oder Projekte

Fähigkeiten
- Technische Fähigkeiten (z. B. Programmiersprachen, Tiefe der Kenntnisse)
- Sprachkenntnisse (A1 – C2)

© Der/die Autor(en), exklusiv lizenziert an Springer Fachmedien Wiesbaden GmbH, ein Teil von Springer Nature 2025
S. Pflaum et al., *Der Kompass zum perfekten Praktikum*,
https://doi.org/10.1007/978-3-658-49223-6_10

Zertifikate und Weiterbildungen
- Name des Zertifikats oder der Weiterbildung
- Nur relevante und aktuelle Weiterbildungen
- Institution oder Organisation
- Datum des Abschlusses

Ehrenamtliche Tätigkeiten
- Name der Organisation
- Position oder Rolle
- Zeitraum der Tätigkeit
- Kurze Beschreibung der Aufgaben und Verantwortlichkeiten

Referenzen
- Name und Kontaktinformationen der Referenzpersonen (optional)

Formatierung und Design
- Konsistente Formatierung (Schriftart, Schriftgröße, Abstände)
- Zweispaltiges Design: links Datum, rechts Inhalt

Anpassung an die Stellenausschreibung
- Hervorhebung relevanter Fähigkeiten und Erfahrungen
- Verwendung einiger Keywords aus der Stellenausschreibung

Optimierung für Parser und Algorithmen
- Verwendung von Schlüsselwörtern aus der Stellenausschreibung
- Vermeidung von Grafiken und Bildern, die von Parsern nicht gelesen werden können
- Verwendung von PDF als Dateiformat, max. 2 Seiten und max. 5 MB

10.2 Quickcheck-Liste für das Anschreiben

Kontaktinformationen
- Vollständiger Name
- Adresse
- Telefonnummer
- E-Mail-Adresse
- LinkedIn-Profil (optional)

Datum
- Aktuelles Datum

10.2 Quickcheck-Liste für das Anschreiben

Empfängerinformationen
- Name des Empfängers
- Position des Empfängers
- Name des Unternehmens
- Adresse des Unternehmens

Betreffzeile
- Klare und prägnante Betreffzeile

Anrede
- Persönliche Anrede (z. B. „Sehr geehrte Frau xyz,")

Einleitung
- Kurze Einführung und Bezug zur Stellenausschreibung
- Nennung der Stelle, auf die man sich bewirbt

Hauptteil
- Kurze Zusammenfassung der beruflichen Ziele und Qualifikationen
- Hervorhebung relevanter Fähigkeiten und Erfahrungen
- Verwendung von Schlüsselwörtern aus der Stellenausschreibung
- Klare und präzise Formulierungen, Konjunktive und Hilfsverben vermeiden – aktive Sprache
- Einbindung von quantifizierbaren Erfolgen und Ergebnissen

Schluss
- Ausdruck des Interesses an einem Vorstellungsgespräch
- Ggf. früheste Verfügbarkeit
- Falls erfragt: Gehaltsvorstellungen

Schlussformel
- Höfliche Schlussformel (z. B. „Mit freundlichen Grüßen,")

Unterschrift
- Handschriftliche Unterschrift (bei gedrucktem Anschreiben)
- Gedruckter Name (bei digitalem Anschreiben)

Formatierung und Design
- Konsistente Formatierung (Schriftart, Schriftgröße, Abstände)
- Fehlerfreie Rechtschreibung und Grammatik

Optimierung für Parser und Algorithmen
- Vermeidung von Grafiken und Bildern, die von Parsern nicht gelesen werden können
- Verwendung von PDF als Dateiformat
- Einfache und klare Sprache ohne komplexe Satzstrukturen
- Verwendung von branchenüblichen Begriffen z. B. aus der Stellenausschreibung
- Nutze gerne KI zur Optimierung Deiner Unterlagen. Aber: Geh transparent damit um und am Anfang, während des Schreibens und am Ende steht Deine menschliche Arbeit an der Bewerbung.

10.3 Checkliste: erstes Online-Interview

Technische Vorbereitung
- Überprüfe deine Internetverbindung.
- Lade die notwendige Software oder App für das Interview herunter.
- Teste deine Kamera und dein Mikrofon.
- Stelle sicher, dass dein PC vollständig aufgeladen ist oder an eine Stromquelle angeschlossen ist.
- Schließe alle unnötigen Programme und Tabs.

Umgebung vorbereiten
- Wähle einen ruhigen und gut beleuchteten Ort für das Interview.
- Stelle sicher, dass der Hintergrund sauber und professionell aussieht.
- Vermeide Störungen durch Dritte oder Haustiere während des Interviews.

Kleidung
- Wähle angemessene Kleidung, die zum Dresscode des Unternehmens passt.
- Vermeide auffällige Muster oder Farben, die auf der Kamera störend wirken könnten.

Dokumente und Notizen
- Bereite eine Kopie deines Lebenslaufs und des Anschreibens vor. (ggf. auch zum Teilen am Bildschirm).
- Bereite Notizen mit wichtigen Punkten und Fragen vor.
- Halte ein Notizbuch und einen Stift bereit.

Vorbereitung auf das Interview
- Recherchiere das Unternehmen und die Position, auf die du dich bewirbst.
- Überlege dir Antworten auf häufige Interviewfragen (z. B. „Erzählen Sie uns etwas über sich", „Warum möchten Sie bei uns arbeiten?").
- Bereite Fragen vor, die du dem Interviewer stellen möchtest.

Pünktlichkeit
- Logge dich einige Minuten vor dem Interview ein, um sicherzustellen, dass alles funktioniert.

Körpersprache und Kommunikation
- Übe eine klare und selbstbewusste Körpersprache.
- Sprich langsam und deutlich.
- Halte Augenkontakt mit der Kamera.

10.4 Checkliste persönliches Gespräch vor Ort

Vorbereitung auf das Gespräch
- Recherchiere das Unternehmen und die Position, auf die du dich bewirbst.
- Überlege dir Antworten auf häufige Interviewfragen (z. B. „Erzählen Sie uns etwas über sich", „Warum möchten Sie bei uns arbeiten?").
- Bereite Fragen vor, die du dem Interviewer stellen möchtest.

Kleidung
- Wähle angemessene Kleidung, die zum Dresscode des Unternehmens passt.

Dokumente und Notizen
- Bereite Notizen mit wichtigen Punkten und Fragen vor, die du stellen möchtest.
- Halte ein Notizbuch und einen Stift bereit, um wichtige Informationen zu notieren.

Anreise
- Plane deine Anreise im Voraus und stelle sicher, dass du pünktlich ankommst.
- Informiere dich über mögliche Verkehrsbehinderungen oder Baustellen.
- Bereite eine Alternative für den Fall von Verspätungen vor (z. B. öffentliche Verkehrsmittel, Taxi).

Pünktlichkeit
- Sei pünktlich und plane genug Zeit für die Anreise ein.
- Komm einige Minuten vor dem Gespräch an, um dich zu sammeln und dich auf das Gespräch vorzubereiten.

Körpersprache und Kommunikation
- Übe eine klare und selbstbewusste Körpersprache.
- Sprich langsam und deutlich.
- Halte Augenkontakt, um eine persönliche Verbindung herzustellen.

Selbstvertrauen und positive Einstellung
- Sei selbstbewusst und positiv eingestellt.
- Denke daran, dass das Gespräch eine Gelegenheit ist, dich und deine Fähigkeiten zu präsentieren.
- Nicht nur du bewirbst dich beim Unternehmen; es bewirbt sich auch bei dir.

10.5 Checkliste Assessment Center

Recherche und Information
- Recherchiere typische Übungen und Aufgaben, die in Assessment Centern verwendet werden.

Selbstreflexion
- Überlege dir deine Stärken und Schwächen und wie du diese im Assessment Center präsentieren kannst.

Übungen und Rollenspiele
- Übe Assessment-Center-Übungen wie Gruppendiskussionen, Präsentationen und Fallstudien.
- Führe Rollenspiele mit Freunden oder Kommilitoninnen durch, um dich auf verschiedene Szenarien vorzubereiten.

Präsentation vorbereiten
- Bereite eine kurze Präsentation über dich selbst oder ein bestimmtes Thema vor.
- Übe deine Präsentation, um sicherzustellen, dass sie klar und prägnant ist.

Dokumente und Notizen
- Halte ein Notizbuch und einen Stift bereit, um wichtige Informationen zu notieren.

Ein Assessment Center ist ein mehrstufiges Auswahlverfahren, das von Unternehmen genutzt wird, um die Eignung von Bewerberinnen für eine bestimmte Position zu bewerten. Hier ist ein typischer Ablauf eines Assessment Centers:

Begrüßung und Einführung
- Die Teilnehmer werden begrüßt und erhalten eine Einführung in den Ablauf des Tages.

Selbstpräsentation
- Die Teilnehmer werden gebeten, sich kurz vorzustellen und ihre beruflichen Ziele und Qualifikationen zu präsentieren.

Gruppendiskussionen
- Die Teilnehmer werden in Gruppen eingeteilt und müssen gemeinsam eine Aufgabe oder ein Problem lösen.
- Die Beobachter achten auf Teamfähigkeit, Kommunikationsfähigkeit und Führungsqualitäten.

10.6 Checkliste: Vorbereitung Case Interview

Einzelübungen
- Die Teilnehmer müssen individuelle Aufgaben oder Fallstudien bearbeiten.
- Diese Übungen können schriftliche Aufgaben, Präsentationen oder Rollenspiele umfassen.

Interviews
- Die Teilnehmer werden zu Einzelinterviews eingeladen, in denen sie Fragen zu ihrer Erfahrung, ihren Fähigkeiten und ihren beruflichen Zielen beantworten müssen.

Feedback und Abschluss
- Die Teilnehmer erhalten Feedback zu ihrer Leistung und haben die Möglichkeit, Fragen zu stellen.
- Das Assessment Center endet mit einer Abschlussrunde und einer Verabschiedung.

10.6 Checkliste: Vorbereitung Case Interview

Ein Case Interview ist ein strukturiertes Interview, das von Unternehmen genutzt wird, um die Fähigkeiten von Bewerberinnen zu bewerten, komplexe Probleme zu lösen und strategische Entscheidungen zu treffen. Hier ist ein typischer Ablauf eines Case Interviews:

Case-Präsentation
- Der Interviewer präsentiert einen Fall oder ein Problem, das du lösen sollst.
- Der Fall kann ein reales Geschäftsproblem oder eine hypothetische Situation sein.

Strukturierung des Falls
- Du wirst gebeten, den Fall zu strukturieren und einen Lösungsansatz zu entwickeln.
- Der Interviewer beobachtet, wie du den Fall analysierst und strukturierst.

Analyse und Lösung
- Du wirst gebeten, den Fall zu analysieren und eine Lösung zu entwickeln.
- Der Interviewer stellt Fragen und gibt Feedback, um deine Analyse und Lösung zu bewerten.

Präsentation der Lösung
- Du wirst gebeten, deine Lösung zu präsentieren und zu erklären.
- Der Interviewer bewertet deine Präsentation und gibt Feedback.

Feedback und Abschluss
- Der Interviewer gibt Feedback zu deiner Leistung und beantwortet Fragen.

10.7 Checkliste: Lösung einer Fallstudie oder eines Business Cases

Verständnis des Problems
- Lies die Fallstudie oder den Business Case gründlich durch, um das Problem vollständig zu verstehen.
- Identifiziere die Hauptziele und Herausforderungen des Falls.

Recherche und Information
- Recherchiere relevante Informationen und Daten, die für die Lösung des Falls notwendig sind.
- Nutze interne und externe Quellen, um ein umfassendes Verständnis des Problems zu entwickeln.

Strukturierung des Falls
- Entwickle eine klare Struktur oder ein Framework, um den Fall zu analysieren.
- Nutze Methoden wie SWOT-Analyse, Eisenhower-Matrix oder Worst-Case/Best-Case-Szenarien, um den Fall zu strukturieren.

Analyse und Lösung
- Analysiere die gesammelten Informationen und Daten, um die Ursachen des Problems zu identifizieren.
- Entwickle mögliche Lösungsansätze und bewerten diese anhand der gesetzten Ziele.
- Es geht nicht darum, die perfekte Lösung zu finden. Es geht darum, dass man mit geeigneten Methoden lösungsorientiert an die Fragestellung herangeht.

Präsentation der Lösung
- Bereite eine klare und prägnante Präsentation deiner Lösung vor.
- Übe die Präsentation, um sicherzustellen, dass sie verständlich und überzeugend ist.

10.8 Einige Methoden zur Lösung von Fallstudien

SWOT-Analyse Eine SWOT-Analyse hilft dir, die Stärken (Strengths), Schwächen (Weaknesses), Chancen (Opportunities) und Risiken (Threats) eines Unternehmens oder Projekts zu identifizieren. Nutze die SWOT-Analyse, um ein umfassendes Verständnis des Falls zu entwickeln und strategische Entscheidungen zu treffen.

Eisenhower-Matrix Die Eisenhower-Matrix hilft dir, Aufgaben nach ihrer Dringlichkeit und Wichtigkeit zu priorisieren. Nutze die Eisenhower-Matrix, um deine Aufgaben und Lösungsansätze zu priorisieren und effizient zu arbeiten.

Worst-Case/Best-Case-Szenarien Diese Methode hilft dir, die möglichen Auswirkungen deiner Lösungsansätze zu bewerten, indem du die besten und schlechtesten Szenarien durchspielst. Nutze Worst-Case/Best-Case-Szenarien, um die Robustheit deiner Lösung zu bewerten und mögliche Risiken zu identifizieren.

Pareto-Prinzip (80/20-Regel) Das Pareto-Prinzip besagt, dass 80 % der Ergebnisse mit 20 % des Aufwands erreicht werden können. Nutze das Pareto-Prinzip, um die wichtigsten Aufgaben und Lösungsansätze zu identifizieren und deine Ressourcen effizient einzusetzen.

Mind-Mapping Mind-Mapping ist eine kreative Methode, um Ideen und Informationen visuell zu strukturieren. Nutze Mind-Mapping, um komplexe Probleme zu visualisieren und kreative Lösungsansätze zu entwickeln.

Fishbone-Diagramm (Ishikawa-Diagramm) Das Fishbone-Diagramm hilft dir, die Ursachen eines Problems zu identifizieren und zu analysieren. Nutze das Fishbone-Diagramm, um die Ursachen eines Problems zu identifizieren und gezielte Lösungsansätze zu entwickeln.

Ausführliche Informationen rund um die (digitale) Bewerbung findest Du in unserem Kompass für die digitale Bewerbung.[1] Auch auf unserer Website haben wir viele Tipps für Dich gesammelt.[2]

Literatur

Gärtner, C./Heinrich C. (2017). Fallstudien zur Digitalen Transformation: Case Studies für die Lehre und praktische Anwendung. (2017). Deutschland: Springer Fachmedien Wiesbaden.
Pflaum, S. (2023). Kompass Digitale Bewerbung: Für Student* innen und Absolvent* innen. Springer.

---

[1] Pflaum, S. (2023). *Kompass Digitale Bewerbung: Für Student* innen und Absolvent* innen.* Springer.
[2] https://www.lmu.de/de/workspace-fuer-studierende/career-service/tipps-fuer-bewerbungen/.

Grundlagen des Zeitmanagements

11

Das Eisenhower-Prinzip ist eine der bekanntesten und effektivsten Methoden im Zeitmanagement, um Aufgaben auf der Grundlage ihrer Dringlichkeit und Wichtigkeit zu priorisieren. Diese Methode, benannt nach dem ehemaligen US-Präsidenten Dwight D. Eisenhower, ist besonders nützlich für Menschen, die mit einer Vielzahl von Aufgaben und Entscheidungen konfrontiert sind und ihre Produktivität steigern möchten.

11.1 Die Vier Quadranten der Eisenhower-Matrix

Das Prinzip teilt Aufgaben in vier Quadranten ein:

- Dringend und wichtig: Aufgaben, die sofort erledigt werden müssen, da sie sowohl für das Erreichen Ihrer Ziele entscheidend sind als auch zeitkritisch.
- Nicht dringend, aber wichtig: Aufgaben, die geplant werden sollten, da sie langfristig von Bedeutung sind, jedoch keine sofortige Aufmerksamkeit erfordern.
- Dringend, aber nicht wichtig: Aufgaben, die delegiert werden können, da sie zeitkritisch sind, jedoch keinen wesentlichen Einfluss auf Ihre Ziele haben.
- Weder dringend noch wichtig: Aufgaben, die vermieden oder eliminiert werden können, da sie weder Zeit noch Ressourcen wert sind.

11.2 Anwendung des Eisenhower-Prinzips

Die Anwendung der Eisenhower-Matrix erfordert sowohl analytisches Denken als auch Disziplin. Beginnen Sie damit, eine Liste Ihrer aktuellen Aufgaben zu erstellen und jede Aufgabe auf ihre Dringlichkeit und Wichtigkeit hin zu bewerten. Ordnen Sie die Aufgaben in die entsprechenden Quadranten ein und setzen Sie Prioritäten. Diese Methode hilft nicht nur, Klarheit zu schaffen, sondern auch, den Fokus auf langfristige Ziele zu legen und sich von unwichtigen Tätigkeiten zu befreien.

11.3 Beispiele aus der Praxis

Stellen Sie sich vor, Sie sind Praktikant*in und haben Ihre erste Woche im Unternehmen. Die Anwendung des Eisenhower-Prinzips hilft Ihnen, Ihre Aufgaben effizient zu organisieren: Dringende und wichtige Aufgaben könnten das rechtzeitige Fertigstellen eines Berichts sein, während wichtige, aber nicht dringende Aufgaben die Teilnahme an einem Weiterbildungsseminar umfassen können. Dringende, aber weniger wichtige Tätigkeiten wie das Beantworten allgemeiner E-Mails könnten delegiert werden, und unwichtige Aufgaben wie das Durchstöbern sozialer Medien könnten eliminiert werden.

11.4 Die ersten Wochen im Praktikum

Die ersten Wochen eines Praktikums sind entscheidend, um einen Eindruck von der Arbeitsumgebung und den Kolleginnen zu gewinnen sowie sich in die Abläufe und Projekte einzufinden. Dabei bietet sich die Gelegenheit, die zuvor gesetzten Ziele anzupassen und erste Erfahrungen zu sammeln, die das eigene Verständnis des Berufsfeldes vertiefen. Der Austausch mit dem Team und das Einbringen in das Tagesgeschäft fördern nicht nur die eigene Entwicklung, sondern auch den Aufbau wertvoller Kontakte, die über das Praktikum hinaus bestehen können. Mit Offenheit und Engagement wird der Übergang von der Theorie zur Praxis Schritt für Schritt erleichtert.

11.5 Der erste Tag

Mit Beginn des Praktikums wird der erste Tag zu einem wichtigen Meilenstein, der den Grundstein für den gesamten Verlauf legt. Eine aufmerksame Beobachtung der Unternehmenskultur und ein respektvoller Umgang mit Kolleginnen können dazu beitragen, sich schnell einzugewöhnen und das Vertrauen des Teams zu gewinnen. Hier gilt es, alle organisatorischen Fragen zu klären, die Arbeitsweise des Unternehmens zu verstehen und erste Kontakte zu knüpfen, die den Einstieg erleichtern. Mit einem klaren Fokus auf die gesetzten Ziele und einem offenen Mindset wird der erste Eindruck, den du hinterlässt, zu einem wertvollen Ausgangspunkt für die kommenden Wochen.

Checkliste für den ersten Tag im Praktikum
1. **Pünktlich erscheinen**: Komm rechtzeitig oder etwas früher an, um einen guten ersten Eindruck zu hinterlassen.
2. **Kleidung**: Trage angemessene Kleidung, die zum Dresscode des Unternehmens passt. Informiere dich bei deinen Ansprechpartnerinnen im Unternehmen über den Dresscode.

3. **Dokumente bereithalten**: Bringe alle notwendigen Dokumente mit, wie z. B. Personalausweis, Praktikumsvertrag und Versicherungsnachweise. Idealerweise hast Du vom Unternehmen eine Liste dazu erhalten.
4. **Kontaktperson identifizieren**: Finde heraus, wer deine Ansprechperson oder Mentorin ist und stelle dich vor. Notiere dir die Namen der Personen, die für dich im Praktikum relevant sind und wie du mit diesen in Kontakt treten kannst.
5. **Einführungstermin und -veranstaltungen wahrnehmen**: Nimm an allen geplanten Einführungsterminen teil, um einen Überblick über das Unternehmen und deine Aufgaben zu bekommen. Lass gerade am ersten Tag, in den ersten Tagen nichts aus.
6. **Arbeitsplatz einrichten**: Richte deinen Arbeitsplatz ein und stelle sicher, dass du alle benötigten Materialien und Zugangsdaten hast. Zögere nicht, um Hilfe zu fragen.
7. **IT-Ausstattung prüfen**: Überprüfe, ob du Zugang zu allen notwendigen IT-Systemen und -Geräten hast.
8. **Praktikumstagebuch:** Führe ein Praktikumstagebuch mit Zielen, Fragen, Erkenntnissen, Reflexion des Erlebten und Erlernten.
9. **Team kennenlernen**: Stelle dich deinen Kolleginnen vor und lerne die wichtigsten Teammitglieder kennen. Sei offen und praktiziere offenes Zuhören und frage nach Allem, was dich interessiert.
10. **Unternehmensrichtlinien lesen**: Informiere dich über die Unternehmensrichtlinien, insbesondere zu Sicherheit und Datenschutz.
11. **Arbeitszeiten klären**: Kläre deine Arbeitszeiten und Pausenregelungen.
12. **Aufgaben verstehen**: Besprich deine Aufgaben und Erwartungen mit deiner Mentorin.
13. **Ziele setzen**: Setze dir klare Ziele für das Praktikum und besprich sie mit deiner Mentorin.
14. **Fragen stellen**: Scheue dich nicht, Fragen zu stellen, um Unsicherheiten auszuräumen.
15. **Netzwerken**: Nutze die Gelegenheit, um Kontakte zu knüpfen und dich mit Kolleginnen auszutauschen.
16. **Feedback einholen**: Bitte um regelmäßiges Feedback, um deine Leistung zu verbessern.
17. **Notizen machen**: Mache dir Notizen zu wichtigen Informationen und Aufgaben.
18. **Unternehmenskultur verstehen**: Beobachte und lerne die Unternehmenskultur und -werte kennen.
19. **Erste Aufgaben beginnen**: Starte mit den ersten Aufgaben und zeige Initiative.
20. **Reflexion**: Nimm dir am Ende des Tages Zeit, um über deine Erfahrungen nachzudenken und deine Eindrücke zu reflektieren.

11.6 Die erste Woche

Während du dich weiterhin einarbeitest, bietet die erste Woche eine ideale Gelegenheit, dich intensiver mit den Abläufen und Strukturen des Unternehmens vertraut zu machen. Nutze diese Zeit, um deine Beobachtungen zu vertiefen und einen Überblick über mögliche Prozesse zu gewinnen, die du später in deinem Praktikum optimieren oder unterstützen könntest. Verstärke außerdem deine Bemühungen, dich aktiv in Teamaktivitäten einzubringen und dich bewusst als Teil des Teams zu positionieren. Informiere dich über anstehende Projekte oder Veranstaltungen, bei denen du dich einbringen kannst, und zeige, dass du bereit bist, Verantwortung zu übernehmen. Dies wird dir helfen, eine solide Basis für deine weiteren Wochen im Unternehmen zu schaffen.

Checkliste für die erste Arbeitswoche im Praktikum
Montag
- Aufgabe: Recherchiere zur Unternehmensstruktur. Wie ist das Unternehmen aufgebaut.
- Reflexionsfrage: Wie passt die Unternehmensstruktur zu deinen Erwartungen und Zielen.
- Reflexionsfrage: Welche neuen Informationen hast du am ersten Tag über das Unternehmen gelernt? Reflektiere über drei wichtige Erkenntnisse.
- Reflexionsfrage: Fühlst du dich mit deinem Arbeitsplatz wohl und gut vorbereitet?
- Aufgabe: Schließ Dich Deinem Team zum Mittagessen und/oder zu einer gemeinsamen Kaffeepause an.

Dienstag
- Aufgabe: Besprich deine Aufgaben und Erwartungen mit deiner Mentorin und erstelle eine Aufgabenliste.
- Reflexionsfrage: Welche Aufgaben sind für dich die kommenden Tage am wichtigsten und warum?
- Aufgabe: Setze dir klare Ziele für das Praktikum und besprich sie mit deiner Mentorin.
- Reflexionsfrage: Wie passen diese Ziele zu deinen langfristigen beruflichen Zielen?
- Aufgabe: Mache Dich mit dem Intranet des Unternehmens vertraut.

Mittwoch
- Aufgabe: Arbeite kontinuierlich an deinen Projekten und halte den Fortschritt fest.
- Aufgabe: Dokumentiere deine Arbeit und Fortschritte für zukünftige Referenzen.
- Reflexionsfrage: Wie hilft dir die Dokumentation, deine Arbeit zu organisieren?
- Aufgabe: Informiere dich und nutze alle angebotenen Lernmöglichkeiten, wie Schulungen oder Workshops.
- Aufgabe: Informiere Dich über die im Unternehmen verwendete IT / Spezialsoftware.
- Reflexionsfrage: Welche IT beherrscht Du bereits? Was musst Du erlernen?

Donnerstag
- Aufgabe: Nimm dir Zeit, um über deine Erfahrungen und Fortschritte nachzudenken. Überprüfe Deine Ziele.
- Aufgabe: Überprüfe regelmäßig deine Ziele und passe sie bei Bedarf an.

Freitag
- Reflexionsfrage: Was waren die fünf wichtigsten Erfolge dieser Woche?
- Arbeitsauftrag: Zukünftige Pläne besprechen. Besprich deine zukünftigen Pläne und Ziele mit deiner Mentorin / Deinen Kolleginnen.

11.7 Quick Check: Das Beste aus dem Praktikum holen

Hier ist eine Checkliste mit Tipps, wie du am meisten aus deinem Praktikum im Sinne des Experiential Learning ziehen kannst. Die Tipps sind in die Kategorien Fachkompetenz, Methodenkompetenz, soziale Kompetenz und persönliche Kompetenz unterteilt.

11.7.1 Fachkompetenz

1. Setze dir klare Lernziele für dein Praktikum und halte sie schriftlich fest.
2. Überprüfe regelmäßig deine Fortschritte und passe diese ggf. an.
3. Informiere dich über die Branche und das Unternehmen, z. B. über das Intranet und den Pressespiegel. Lerne die Unternehmensziele und -strategien kennen.
4. Stelle viele Fragen, um dein Fachwissen zu erweitern.
5. Nutze jede Gelegenheit, um neue Fähigkeiten z. B. in angebotenen Schulungen zu erlernen.
6. Beobachte und analysiere die Arbeitsprozesse im Unternehmen.
7. Beteilige dich aktiv an Projekten und Aufgaben.
8. Suche dir Mentorinnen und/oder erfahrene Kolleginnen, die dich unterstützen und beraten.
9. Führe ein Lerntagebuch, um deine Fortschritte zu dokumentieren. Reflektiere regelmäßig über deine Erfahrungen und Lernfortschritte.
10. Arbeite mit verschiedenen Abteilungen zusammen, um ein breites Verständnis zu entwickeln. Ggf. frage danach, ob Du auch Einblick in andere Abteilungen bekommen kannst.
11. …

11.7.2 Methodenkompetenz

1. Sieh Dir die Projektmanagement-Tools und –Methoden im Unternehmen an.
2. Recherchiere und mache Dich mit Zeitmanagement-Techniken vertraut.
3. Setze bewusst Prioritäten, wenn Du mehrere Aufgaben zu bewältigen hast (z. B. Eisenhower).
4. Beobachte, wie andere Personen präsentieren. Was gefällt Dir daran? Was würdest Du ggf. anders machen.
5. Wie wird KI in deinem Unternehmen angewendet? Wie kannst Du sie selbst bei deiner Arbeit anwenden?
6. Welche Art von Innovationsmanagement gibt es im Unternehmen?
7. Hast Du eine innovative Idee? Wie würdest Du diese am besten in einem Elevator Pitch präsentieren.
8. Recherchiere zum Thema Verhandlungstechniken (z. B. Harvard).
9. Wie wird im Unternehmen verhandelt, unter Kolleginnen, mit Kundinnen?
10. Nutze Mind-Mapping-Techniken, um Ideen zu strukturieren.

11.7.3 Soziale Kompetenz

1. Baue Beziehungen zu Kolleginnen und Vorgesetzten auf, indem Du Einladungen zum Mittagessen und/oder zur Kaffeepause annimmst.
2. Vernetze Dich mit Deinen Kolleginnen, z. B. auch auf LinkedIn.
3. Gibt es soziale Netzwerke, z. B. bestimmte Interessensgruppen im Unternehmen, die dich ansprechen?
4. Praktiziere aktives Zuhören.
5. Wie werden Konflikte in deinem Team bzw. im Unternehmen gelöst?
6. Reflektiere regelmäßig über deine Erfahrungen und Lernfortschritte.
7. Lerne, wie man effektiv mit Stress umgeht und Belastungen bewältigt. Beobachte andere Personen, wie sie mit Stress umgehen.
8. Nutze Selbstmanagement-Techniken, um produktiv zu sein.
9. Lerne, wie man effektiv mit Veränderungen umgeht und sich anpasst.
10. Führe ein Praktikumstagebuch zur Selbstreflexion, um deine persönlichen Fähigkeiten zu verbessern.

Leseempfehlungen

Bratterud, H., Burgess, M., Fasy, B.T., Millman, D.L., Oster, T., Sung, E. (2020). The Sung Diagram: Revitalizing the Eisenhower Matrix. In: Pietarinen, AV., Chapman, P., Bosveld-de Smet, L., Giardino, V., Corter, J., Linker, S. (eds) Diagrammatic Representation and Inference. Diagrams 2020. Lecture Notes in Computer Science, vol 12169. Springer, Cham. https://doi.org/10.1007/978-3-030-54249-8_43

Pfadenhauer, Michaela. Kompetenz als Qualität sozialen Handelns. Soziologie der Kompetenz. Wiesbaden: VS Verlag für Sozialwissenschaften, 2010. 149-172.

Vorlage Praktikumstagebuch 12

Ein Praktikumstagebuch im Sinne des „experiential learning" (erfahrungsbasiertes Lernen) zu führen, ist eine großartige Möglichkeit, deine Erfahrungen zu reflektieren und daraus zu lernen.

Hier ist ein Vorschlag, wie du dein Tagebuch strukturieren könntest:

Titelblatt
Name
Name der Bildungseinrichtung
Name des Praktikumsbetriebs
Zeitraum des Praktikums

Einleitung
Beschreibung des Praktikumsbetriebs

Ziele und Erwartungen an das Praktikum
Tägliche Einträge
   Jeder Eintrag könnte folgende Abschnitte enthalten:

- Datum und Uhrzeit
- Beschreibung der Aktivitäten: Was hast du an diesem Tag gemacht?
- Gelernte Fähigkeiten: Welche neuen Fähigkeiten oder Kenntnisse hast du erworben?
- Herausforderungen: Welchen Herausforderungen bist du begegnet?

Ergänzende Information Die elektronische Version dieses Kapitels enthält Zusatzmaterial, auf das über folgenden Link zugegriffen werden kann [https://doi.org/10.1007/978-3-658-49223-6_12].

- Reflexion: Was hast du aus den Erfahrungen gelernt? Wie kannst du das Gelernte in Zukunft anwenden?
- Feedback: Hast du Feedback von Kollegen oder Vorgesetzten erhalten?

Wöchentliche Zusammenfassung
- Zusammenfassung der 5 wichtigsten Ereignisse und Lernerfahrungen der Woche
- Reflexion über den Fortschritt in Bezug auf deine Ziele

Abschlussreflexion
- Was sind die 10 wichtigsten Learnings deines Praktikums?
- Reflexion über die erreichten Ziele und Erwartungen
- Beschreibung der wichtigsten Lernerfahrungen und Fähigkeiten, die du erworben hast
- Wie das Praktikum deine berufliche Entwicklung beeinflusst hat
- Empfehlungen für zukünftige Praktikanten
- Anhang

Fotos, Zertifikate, Arbeitsproben oder andere relevante Dokumente
Lege hierzu idealerweise für dein Praktikum einen eigenen Ordner auf dem PC / dem Smartphone an.

Du kannst eine Vorlage für das Praktikumstagebuch von Springer Link bei diesem Kapitel herunterladen.

Angewandte Wissenschaft im Praktikum 13

Wenn du ein Praktikum beginnst, ist es wichtig, nicht nur fachspezifische Kenntnisse mitzubringen, sondern auch ein grundlegendes Verständnis für die Strukturen, Prozesse und Dynamiken innerhalb eines Unternehmens oder einer Organisation. Kenntnisse in den Disziplinen Betriebswirtschaftslehre (BWL), Volkswirtschaftslehre (VWL), Soziologie und Psychologie sind essenziell, um in jedem Praktikum erfolgreich zu sein. Diese Disziplinen bieten dir wertvolle Einblicke und Fähigkeiten, die in jedem beruflichen Umfeld nützlich sind.

13.1 Betriebswirtschaftslehre (BWL)

Die Betriebswirtschaftslehre ermöglicht es dir, wirtschaftliche Zusammenhänge zu begreifen und betriebliche Abläufe kompetent zu analysieren. Praktikantinnen, die mit Konzepten wie Kostenrechnung, Marketingstrategien und Personalmanagement vertraut sind, können nicht nur ihre Aufgaben effektiver ausführen, sondern auch proaktiv zur Zielerreichung des Unternehmens beitragen. Dieses Wissen schärft das Bewusstsein für die wirtschaftlichen Rahmenbedingungen, in denen Entscheidungen getroffen werden müssen.

- Strategisches Management
- Operatives Management
- Finanzierung und Investition
- Controlling
- Marketing
- Human Resources Management
- Supply-Chain-Management

© Der/die Autor(en), exklusiv lizenziert an Springer Fachmedien Wiesbaden GmbH, ein Teil von Springer Nature 2025
S. Pflaum et al., *Der Kompass zum perfekten Praktikum*,
https://doi.org/10.1007/978-3-658-49223-6_13

- Projektmanagement
- Wirtschaftsrecht
- Organisationsmanagement
- Budgetplanung
- Internes und externes Rechnungswesen
- Internationales Management
- Innovationsmanagement

13.2 Organisationssoziologie

Die Organisationssoziologie lenkt den Blick auf die sozialen Strukturen und Interaktionen innerhalb eines Unternehmens. Sie hilft dir zu verstehen, wie Machtverhältnisse, Kommunikationswege und Gruppendynamiken deine Arbeit beeinflussen können. Mit diesem Wissen bist du besser in der Lage, Konflikte zu lösen, Netzwerke aufzubauen und produktive Beziehungen zu pflegen.

- Analyse sozialer Strukturen innerhalb eines Unternehmens
- Verständnis von Machtverhältnissen und deren Einfluss auf die Arbeit
- Erkennung und Optimierung von Kommunikationswegen
- Untersuchung von Gruppendynamiken in Organisationen
- Hilft bei der Konfliktlösung im Unternehmenskontext
- Fördert den Aufbau von Netzwerken und Beziehungen
- Stärkung produktiver Beziehungen innerhalb des Unternehmens
- Unterstützt das Bewältigen von sozialen Herausforderungen
- Verbessertes Verständnis der Interaktionen zwischen Mitarbeitenden
- Förderung einer effektiven Zusammenarbeit im Team

13.3 Organisationspsychologie

Die Organisationspsychologie bietet wertvolle Einblicke in das Verhalten von Menschen in Arbeitssituationen. Durch das Verständnis von Motivation, Stressmanagement und Führung kannst du deine eigene Arbeitsweise optimieren und mit Kolleginnen sowie Vorgesetzten konstruktiv zusammenarbeiten. Diese Disziplin unterstützt dich dabei, deine eigene Rolle innerhalb des Teams zu reflektieren und dich konstruktiv einzubringen.

- Einblicke in das Verhalten von Menschen in Arbeitssituationen
- Verständnis von Motivation und deren Einfluss auf die Arbeitsweise
- Stressmanagement und Strategien zur Bewältigung von Belastungen
- Effektive Führung und deren Rolle innerhalb des Teams
- Reflexion der eigenen Rolle innerhalb des Teams

- Optimierung der eigenen Arbeitsweise durch psychologische Erkenntnisse
- Konstruktive Zusammenarbeit mit Kolleginnen und Vorgesetzten
- Förderung der Teamdynamik und effektiver Kommunikation
- Bewältigung von sozialen Herausforderungen im Arbeitskontext
- Verbesserung des Verständnisses für Interaktionen zwischen Mitarbeitenden

13.4 Warum sind diese Kenntnisse in jedem Praktikum wichtig?

In Unternehmen
In Unternehmen sind diese Kenntnisse besonders wichtig, um die wirtschaftlichen und sozialen Dynamiken zu verstehen. Sie helfen dir, die Ziele des Unternehmens zu unterstützen und effektiv im Team zu arbeiten. Mit einem Verständnis für betriebswirtschaftliche Zusammenhänge und soziale Strukturen kannst du deine Aufgaben besser erfüllen und einen wertvollen Beitrag leisten.

In politischen Organisationen
In politischen Organisationen sind diese Kenntnisse ebenfalls von großer Bedeutung. Sie ermöglichen es dir, die politischen Prozesse und Entscheidungsstrukturen zu verstehen und effektiv in einem oft komplexen und dynamischen Umfeld zu arbeiten. Ein Verständnis für wirtschaftliche und soziale Dynamiken hilft dir, deine Rolle besser zu erfüllen und konstruktiv beizutragen.

In sozialen Organisationen
In sozialen Organisationen sind diese Kenntnisse essenziell, um die sozialen Strukturen und Dynamiken zu verstehen. Sie helfen dir, die Ziele der Organisation zu unterstützen und effektiv mit den verschiedenen Interessengruppen zusammenzuarbeiten. Mit einem Verständnis für soziale Strukturen und psychologische Dynamiken kannst du deine Aufgaben besser erfüllen und einen wertvollen Beitrag leisten.

13.5 Experiential Learning Tasks für das Praktikum

Dieses bietet eine Sammlung von Erfahrungsaufgaben, die darauf abzielen, praktische Fähigkeiten und Kenntnisse im Rahmen eines Praktikums zu fördern. Jede Aufgabe ist so konzipiert, dass sie in etwa 60–120 min abgeschlossen werden und unabhängig von den vorhandenen betriebswirtschaftlichen Kenntnissen bearbeitet werden kann.

Die Reihenfolge, in der die Aufgaben bearbeitet werden, ist frei wählbar, und es besteht kein Anspruch auf eine vollständige Aufarbeitung aller Themen in einem Praktikum.

Ziel ist es, dich dazu zu ermutigen, Gespräche mit Kolleginnen und Führungskräften zu führen, kleine Präsentationen zu erstellen und das Gelernte direkt in praktischen Kontexten anzuwenden. Die Aufgaben sind flexibel gestaltet und unterstützen eine abwechslungsreiche und interaktive Lernerfahrung. Sei mutig und gehe auch die Aufgaben an, die auf den ersten Blick wenig oder nichts mit deinem konkreten Arbeitsumfeld zu tun haben.

13.5.1 Empfohlenes Vorgehen bei den Aufgaben

Führe Gespräche mit Kolleginnen, Führungskräften oder Mentorinnen im Unternehmen durch, um ein besseres Verständnis für die Themen zu bekommen. Nutze externe und interne Quellen (z. B. das Intranet des Unternehmens), um Informationen zu erlangen.

Wenn dir Begriffe unbekannt sind, nutze KI (wie immer mit Bedacht) oder andere Nachschlagewerke, um erste Informationen zur Klärung zu bekommen. Zögere auch nicht bei den Expertinnen im Unternehmen nachzufragen.

Die zeitlichen Vorgaben dienen nur zur Orientierung. Je nachdem, wie sehr ein Thema dich interessiert, kannst du mehr oder weniger Zeit darauf verbringen. Du kannst dir diese Fragen rein gedanklich stellen und beantworten. Idealerweise aber beantwortest du diese in deinem Praktikumstagebuch.

13.5.2 Unternehmenskultur: Vision und Mission

Vorbereitung (10 min)
- Wie wird die Unternehmenskultur im Unternehmen gelebt und gefördert?
- Welche Werte und Prinzipien sind zentral für die Unternehmenskultur?
- Wie werden die Vision und Mission des Unternehmens kommuniziert und umgesetzt?
- Welche Rolle spielen die Vision und Mission bei der täglichen Arbeit und Entscheidungsfindung?
- Wie tragen die Mitarbeiterinnen zur Unternehmenskultur bei und wie wird diese gefördert?

Gespräche durchführen und eigene Recherche (30 min)
- Sprich mit Kolleginnen, wie sie die Unternehmenskultur erleben,
- wie sie sie selbst umsetzen.

Reflexion (15 min)
Analysiere die Antworten und die recherchierten Informationen und versuche, ein Gesamtbild der Unternehmenskultur und der Vision und Mission des Unternehmens zu zeichnen.

Überlege, wie die verschiedenen Aspekte der Unternehmenskultur zusammenhängen und wie sie die Arbeitsweise und Entscheidungsfindung im Unternehmen beeinflussen.

13.5.3 Fallstudie aus der Organisationssoziologie

Aufgabe Führe eine Analyse der sozialen Strukturen und Dynamiken in deinem Unternehmen durch. Diese Analyse soll dir helfen, ein besseres Verständnis für die Organisationssoziologie zu entwickeln und praktische Lösungen für die Verbesserung der Zusammenarbeit und Effizienz im Unternehmen zu erarbeiten.

Diese Aufgabe richtet sich an Studentinnen aller Fachbereiche. Denn ganz egal, was du studierst und/oder in welcher Abteilung du arbeitest. Du solltest die Organisation deines Unternehmens und wie sie funktioniert kennen.

Vorbereitung (20 min)
Konzentriere dich auf eine Auswahl von 5 der folgenden Themenbereiche der Organisationssoziologie:

- Analyse sozialer Strukturen innerhalb des Unternehmens
- Verständnis von Machtverhältnissen und deren Einfluss auf die Arbeit
- Erkennung und Optimierung von Kommunikationswegen
- Untersuchung von Gruppendynamiken in Organisationen
- Konfliktlösung im Unternehmenskontext
- Aufbau von Netzwerken und Beziehungen
- Stärkung produktiver Beziehungen innerhalb des Unternehmens
- Bewältigen von sozialen Herausforderungen
- Verbesserung des Verständnisses der Interaktionen zwischen Mitarbeitenden
- Förderung einer effektiven Zusammenarbeit im Team
- Fragen vorbereiten:
- Überlege dir Fragen, die du stellen möchtest, um die sozialen Strukturen und Dynamiken in deinem Unternehmen zu verstehen. Beispiele für Fragen könnten sein:
- Wie sind die sozialen Strukturen in den verschiedenen Abteilungen organisiert?
- Welche informellen Netzwerke und Gruppen gibt es im Unternehmen?
- Wie beeinflussen diese Strukturen die tägliche Arbeit und Zusammenarbeit?
- Welche Rolle spielen soziale Strukturen bei der Umsetzung von Projekten und Initiativen?
- Wie werden Machtverhältnisse im Unternehmen organisiert und wie beeinflussen sie die Arbeit?
- Welche formellen und informellen Machtstrukturen gibt es?
- Wie werden Kommunikationswege im Unternehmen organisiert und optimiert?
- Welche Gruppendynamiken gibt es in den verschiedenen Teams und wie beeinflussen sie die Zusammenarbeit?
- Wie werden Konflikte im Unternehmen gelöst und welche Strategien werden eingesetzt?
- Wie werden Netzwerke und Beziehungen im Unternehmen aufgebaut und gepflegt?

Gespräche durchführen (30 min)
Führe die Gespräche durch und mache dir Notizen zu den Antworten. Achte darauf, sowohl die technischen als auch die organisatorischen Aspekte der sozialen Strukturen und Dynamiken zu erfassen.

Reflexion (30 min)
Reflektiere deine eigene Rolle in den sozialen Strukturen und Dynamiken des Unternehmens.

- Wie sind die sozialen Strukturen in den verschiedenen Abteilungen organisiert und wie beeinflussen sie deine Arbeit?
- Welche informellen Netzwerke und Gruppen gibt es im Unternehmen und wie arbeitest du mit ihnen zusammen?
- Wie beeinflussen diese Strukturen die tägliche Arbeit und Zusammenarbeit?
- Welche Rolle spielen soziale Strukturen bei der Umsetzung von Projekten und Initiativen und wie arbeitest du damit?
- Wie werden Machtverhältnisse im Unternehmen organisiert und wie beeinflussen sie deine Arbeit?
- Welche formellen und informellen Machtstrukturen gibt es und wie arbeitest du mit ihnen zusammen?
- Wie werden Kommunikationswege im Unternehmen organisiert und optimiert?
- Wie werden Netzwerke und Beziehungen im Unternehmen aufgebaut und gepflegt?

13.5.4 Strategisches Management

Vorbereitung (10 min)
Beispiele für Fragen könnten sein:

- Wie werden strategische Entscheidungen im Unternehmen getroffen?
- Welche langfristigen Ziele verfolgt das Unternehmen?
- Wie werden diese Ziele in konkrete Maßnahmen umgesetzt?
- Welche Rolle spielen die verschiedenen Abteilungen bei der Umsetzung der Strategie?
- Wie wird der Erfolg der strategischen Maßnahmen gemessen?

Gespräche und Recherchen durchführen (30 min)
Suche dir Kolleginnen, Führungskräfte oder Mentorinnen im Unternehmen, die bereit sind, dir Fragen zum strategischen Management zu beantworten. Führe die Gespräche durch und mache dir Notizen zu den Antworten.

Auswertung (15 min)
- Analysiere die Antworten und versuche, ein Gesamtbild des strategischen Managements des Unternehmens zu zeichnen.
- Überlege, wie die verschiedenen Aspekte des strategischen Managements zusammenhängen und wie sie zur Erreichung der Unternehmensziele beitragen.

Reflexion (5 min)
- Nimm dir Zeit, um über das Gelernte nachzudenken und zu reflektieren. Überlege, wie das Gelernte auf deine eigene Arbeit und deine Rolle im Unternehmen anwendbar ist.

13.5.5 Operatives Management

Vorbereitung (10 min)
- Überlege dir, welche Abläufe und Prozesse du beobachten möchtest, um das operative Management des Unternehmens zu verstehen.
- Was unterscheidet das operative vom strategischen Management?

Beobachtung durchführen (30 min)
- Beobachte die täglichen Abläufe in deiner Abteilung und mache dir Notizen zu den Prozessen und aktuellen Herausforderungen.

Auswertung (15 min)
- Analysiere deine Beobachtungen und versuche, ein Gesamtbild des operativen Managements des Unternehmens zu zeichnen.
- Überlege, wie die verschiedenen Aspekte des operativen Managements zusammenhängen und wie sie zur Effizienz des Unternehmens beitragen.

Reflexion (5 min)
- Wie werden tägliche Aufgaben und Prozesse im Unternehmen organisiert und wie beeinflussen sie deine Arbeit?
- Welche operativen Herausforderungen gibt es und wie trägst du dazu bei, diese zu bewältigen?
- Wie werden Ressourcen und Arbeitskräfte im Unternehmen eingesetzt und wie arbeitest du mit ihnen zusammen?

13.5.6 Finanzierung und Investition

Vorbereitung (40 min):
- Wie wurde das Vorhaben finanziert und in welchem Umfang?
- Welche Investitionsentscheidungen wurden getroffen, wie, von wem und warum?

- Wie wurden ggf. verschiedene Alternativen der Investitionen bewertet und sich für eine davon entschieden?
- Welche Rolle spielten die verschiedenen beteiligten Abteilungen bei der Finanzierung und Investition?
- Wie werden die finanziellen Auswirkungen von Investitionen gemessen?
- Befrage nach Möglichkeit Kolleginnen, Führungskräften oder Mentorinnen zu den Finanzierungs- und Investitionsstrategien des Unternehmens.

Reflexion (20 min)
- Wie werden Finanzierungs-Entscheidungen des Unternehmens getroffen und wie beeinflusst das deine Arbeit?

13.5.7 Controlling

Vorbereitung (15 min)
Erstelle eine Liste von Fragen, die du anderen Abteilungen oder Kolleginnen aus dem Controlling stellen möchtest, wie zum Beispiel:

- Welche entscheidenden Kennzahlen werden überwacht?
- Wie werden diese Kennzahlen analysiert und welche Bedeutung haben sie für die strategischen Ziele?
- Welche Rolle spielen Berichte und Dashboards in der Kommunikation von Controlling-Daten?

Analyse (15 min)
- Sichtung und Auswertung aktueller Controlling-Berichte.
- Identifiziere die wichtigsten verwendeten Controlling-Instrumente, wie z. B. Budgetierungsverfahren oder Variablenanalysen.
- Analysiere, wie Abweichungen von Planzielen gemeldet und Maßnahmen ergriffen werden.

Gespräche durchführen (15 min)
- Führe Gespräche mit Kolleginnen aus deiner Abteilung: Nach welchen Kennzahlen (KPIs) wird deine Abteilung gesteuert?

Reflexion (15 min)
- Welche Erkenntnisse hast du über die Rolle des Controllings gewonnen?
- Wie beeinflussen die Controlling-Methoden dein Verständnis für strategische Unternehmensprozesse?
- Welche Verbesserungsvorschläge könntest du basierend auf deinen Beobachtungen machen?

13.5.8 Marketing

Aufgabe Erstelle eine Online-Marketing-Kampagne für Instagram und LinkedIn für ein fiktives Produkt oder eine Dienstleistung des Unternehmens und stimme diese mit Kolleginnen aus dem Marketing-Bereich ab.

Vorbereitung (10 min)
- Überlege dir ein fiktives Produkt oder eine Dienstleistung, für das/die du eine Marketing-Kampagne erstellen möchtest.
- Mache dir Gedanken über die Zielgruppe, die Marketing-Strategien und -Kampagnen, die du einsetzen möchtest.

Marketing-Kampagne erstellen (40 min)
- Erstelle einen Beitrag für Deine Marketing-Kampagne für dein fiktives Produkt: Erstelle einen LinkedIn und einen Instagram Beitrag.
- Nutze dabei KI und vergleiche die Unterschiede zwischen beiden Entwürfen. Was fällt Dir auf?
- Suche dir Kolleginnen aus dem Marketing-Bereich, die bereit sind, deine Marketing-Kampagne zu prüfen und Feedback zu geben.

Reflexion (10 min)
- Wie wird das Marketing im Unternehmen organisiert und wie beeinflusst das deine Arbeit?
- Welche Marketing-Strategien und -Kampagnen werden eingesetzt und wie trägst du dazu bei?
- Wie werden Zielgruppen identifiziert und angesprochen und wie beeinflusst das deine Arbeit?
- Welche Rolle spielt das Marketing bei der Positionierung des Unternehmens am Markt und wie arbeitest du mit dem Marketing zusammen?

13.5.9 Human Resources Management

Vorbereitung (10 min)
- Wie wird das Personalmanagement im Unternehmen organisiert?
- Welche Strategien und Prozesse werden für die Personalbeschaffung und -entwicklung eingesetzt?
- Wie werden Mitarbeiterinnen motiviert und ihre Leistung bewertet?
- Welche Rolle spielt das HRM bei der Gestaltung der Unternehmenskultur?
- Wie werden Konflikte im Team gelöst und welche Maßnahmen werden zur Teamentwicklung ergriffen?

Gespräche und Recherche durchführen (30 min)
- Nutze das Intranet
- Suche dir Kolleginnen aus dem Personalbereich oder Führungskräfte im Unternehmen, die bereit sind, dir Fragen zum HRM zu beantworten.

Reflexion (20 min)
- Wie wird das Personalmanagement im Unternehmen organisiert und wie beeinflusst das deine Arbeit?
- Wie werden Mitarbeiterinnen motiviert und ihre Leistung bewertet und wie beeinflusst das deine Arbeit?
- Welche Rolle spielt das HRM bei der Gestaltung der Unternehmenskultur und wie arbeitest du mit dem HRM zusammen?
- Wie werden Konflikte im Team gelöst und welche Maßnahmen werden zur Teamentwicklung ergriffen?

13.5.10 Fallstudie aus der Organisationspsychologie

Aufgabe Analysiere einen konkreten Konflikt zwischen zwei Abteilungen in deinem Unternehmen, um ein besseres Verständnis für die Konfliktlösung und Teamdynamik zu entwickeln und deine Rolle in diesem Konflikt zu reflektieren.

Vorbereitung (20 min)
Wähle einen konkreten Konflikt zwischen zwei Abteilungen aus, der aktuell in deinem Unternehmen auftritt oder kürzlich aufgetreten ist.

- Überlege dir Fragen, die du stellen möchtest, um den Konflikt und die Teamdynamik in deinem Unternehmen zu verstehen. Beispiele für Fragen könnten sein:
- Wie ist der Konflikt entstanden und welche Ursachen hat er?
- Welche Auswirkungen hat der Konflikt auf die Zusammenarbeit und die Arbeitsweise der betroffenen Abteilungen?
- Welche Strategien und Maßnahmen werden zur Konfliktlösung eingesetzt?
- Wie wird die Teamdynamik zwischen den betroffenen Abteilungen gefördert und gestärkt?
- Welche Rolle spielen die Führungskräfte bei der Konfliktlösung und der Förderung der Teamdynamik?
- Wie werden soziale Herausforderungen im Zusammenhang mit dem Konflikt bewältigt?

Gespräche durchführen (30 min)
Suche dir Kolleginnen, denen du vertraust, z. B. aus der Reihe deiner Work Buddies und/oder Mentorinnen, die bereit sind, dir Fragen zum Konflikt und zur Teamdynamik zu beantworten.

Eigene Analyse (30 min)
Versuche, ein Gesamtbild des Konflikts und der Teamdynamik in deinem Unternehmen zu zeichnen. Überlege, wie die verschiedenen Aspekte des Konflikts und der Teamdynamik zusammenhängen und wie sie die Zusammenarbeit und Effizienz des Unternehmens beeinflussen.

Reflexion (45 min)
- Wie ist der Konflikt entstanden und welche Ursachen hat er?
- Welche Auswirkungen hat der Konflikt auf die Zusammenarbeit und die Arbeitsweise der betroffenen Abteilungen?
- Welche Strategien und Maßnahmen werden zur Konfliktlösung eingesetzt?
- Wie wird die Teamdynamik zwischen den betroffenen Abteilungen gefördert und gestärkt?
- Welche Rolle spielen die Führungskräfte bei der Konfliktlösung und der Förderung der Teamdynamik?
- Wie werden soziale Herausforderungen im Zusammenhang mit dem Konflikt bewältigt?

13.5.11 Interkulturelle Zusammenarbeit

Aufgabe Beschäftige dich mit interkultureller Zusammenarbeit im Unternehmen. Führe Gespräche mit Kolleginnen aus verschiedenen kulturellen Hintergründen oder mit Teams, die in internationalen Projekten arbeiten, um die Bedeutung der interkulturellen Kompetenz besser zu verstehen. Dokumentiere die Ansätze und Strategien, die das Unternehmen einsetzt, um interkulturelle Zusammenarbeit zu fördern.

Vorbereitung (10 min)
Erstelle eine Liste mit Fragen, die du im Gespräch verwenden möchtest. Beispiele für Fragen könnten sein:

- Welche Herausforderungen treten bei der interkulturellen Zusammenarbeit auf und wie werden sie im Unternehmen gelöst?
- Welche Maßnahmen oder Schulungen bietet das Unternehmen, um interkulturelle Kompetenz zu fördern?
- Wie beeinflussen unterschiedliche kulturelle Perspektiven die Teamarbeit und Entscheidungsfindung?
- Welche Rolle spielt Kommunikation bei der Überwindung von kulturellen Unterschieden?

Durchführung (30 min)
- Führe die Gespräche und dokumentiere die Antworten.

Reflexion (20 min)
- Formuliere abschließend deine Erkenntnisse, insbesondere im Hinblick darauf, wie interkulturelle Zusammenarbeit die Teamdynamik und die Unternehmenskultur beeinflusst.

13.5.12 Diversity Management

Vorbereitung (10 min)
Beispiele für Fragen könnten sein:

- Wie wird Diversity Management in der Organisation organisiert und umgesetzt?
- Welche Strategien und Maßnahmen werden zur Förderung von Vielfalt und Inklusion eingesetzt?
- Wie werden verschiedene kulturelle, ethnische und geschlechtliche Hintergründe in der Organisation berücksichtigt?

Gespräche durchführen (20 min)
- Suche dir Kolleginnen aus verschiedenen Abteilungen in der Organisation, die bereit sind, dir Fragen zum Diversity Management zu beantworten.
- Führe die Gespräche durch und mache dir Notizen zu den Antworten.

Eigene Recherche (15 min)
- Recherchiere selbstständig über Diversity Management in Organisationen und vergleiche diese mit den Informationen aus den Gesprächen.
- Nutze dazu interne Dokumente, Richtlinien und externe Quellen.

Auswertung (15 min)
- Analysiere die Antworten und die recherchierten Informationen und versuche, ein Gesamtbild des Diversity Managements in der Organisation zu zeichnen.
- Überlege, wie die verschiedenen Aspekte des Diversity Managements zusammenhängen und wie sie zur Förderung von Vielfalt und Inklusion in der Organisation beitragen.

13.5.13 Frauen in Führungspositionen und in Tech-Karrieren

Vorbereitung (10 min)
Beispiele für Fragen könnten sein:

- Wie werden Frauen in Führungspositionen und Tech-Karrieren in der Organisation unterstützt und gefördert?

- Welche Strategien und Maßnahmen werden zur Förderung von Frauen in Führungspositionen und Tech-Karrieren eingesetzt?
- Wie werden Frauen in der Organisation ermutigt, Führungspositionen und Tech-Karrieren zu verfolgen?
- Welche Herausforderungen gibt es bei der Förderung von Frauen in Führungspositionen und Tech-Karrieren und wie werden sie bewältigt?

Gespräche durchführen (20 min)
- Suche dir Kolleginnen (z. B. Frauenbeauftragte) aus verschiedenen Abteilungen in der Organisation, die bereit sind, dir Fragen zur Rolle und Förderung von Frauen in Führungspositionen und Tech-Karrieren zu beantworten.
- Führe die Gespräche durch und mache dir Notizen zu den Antworten.

Eigene Recherche (15 min)
- Recherchiere selbstständig über die Rolle und Förderung von Frauen in Führungspositionen und Tech-Karrieren in Organisationen und vergleiche diese mit den Informationen aus den Gesprächen.
- Nutze dazu interne Dokumente, Richtlinien und externe Quellen.

Reflexion (15 min)
- Analysiere die Antworten und die recherchierten Informationen und versuche, ein Gesamtbild der Rolle und Förderung von Frauen in Führungspositionen und Tech-Karrieren in der Organisation zu zeichnen.
- Überlege, wie die verschiedenen Aspekte der Förderung von Frauen in Führungspositionen und Tech-Karrieren zusammenhängen und wie sie zur Gleichstellung und Vielfalt in der Organisation beitragen.

13.5.14 Inklusion

Vorbereitung (10 min)
Beispiele für Fragen könnten sein:

- Wie wird Inklusion in der Organisation organisiert und umgesetzt?
- Welche Strategien und Maßnahmen werden zur Förderung von Inklusion eingesetzt?
- Wie werden Menschen mit unterschiedlichen Fähigkeiten und Hintergründen in der Organisation berücksichtigt und unterstützt?

Gespräche und eigene Recherche durchführen (20 min)
- Suche dir Kolleginnen aus verschiedenen Abteilungen in der Organisation, die bereit sind, dir Fragen zur Inklusion zu beantworten.
- Recherchiere selbstständig über Inklusion in Organisationen und vergleiche diese mit den Informationen aus den Gesprächen.

Reflexion (15 min)
- Analysiere die Antworten und die recherchierten Informationen und versuche, ein Gesamtbild der Inklusion in der Organisation zu zeichnen.
- Überlege, wie die verschiedenen Aspekte der Inklusion zusammenhängen und wie sie zur Förderung von Vielfalt und Integration in der Organisation beitragen.

13.5.15 Compliance

Vorbereitung (10 min)
Beispiele für Fragen könnten sein:

- Wie wird Compliance in der Organisation organisiert und umgesetzt?
- Welche Strategien und Maßnahmen werden zur Einhaltung von Compliance-Richtlinien eingesetzt?
- Wie werden Compliance-Risiken identifiziert und gemanagt?
- Welche Rolle spielt Compliance bei der Gestaltung der Organisationskultur?

Gespräche durchführen (20 min)
- Suche dir Kolleginnen aus verschiedenen Abteilungen in der Organisation, die bereit sind, dir Fragen zur Compliance zu beantworten.
- Führe die Gespräche durch und mache dir Notizen zu den Antworten.

Eigene Recherche (15 min)
- Recherchiere selbstständig über Compliance in Organisationen und vergleiche diese mit den Informationen aus den Gesprächen.
- Nutze dazu interne Dokumente, Richtlinien und externe Quellen.

Reflexion (15 min)
- Analysiere die Antworten und die recherchierten Informationen und versuche, ein Gesamtbild der Compliance in der Organisation zu zeichnen.
- Überlege, wie die verschiedenen Aspekte der Compliance zusammenhängen und wie sie zur Einhaltung von Richtlinien und zur Risikominimierung in der Organisation beitragen.

13.5.16 Supply-Chain-Management

Vorbereitung (10 min)
- Wie wird das Supply Chain Management im Unternehmen organisiert?
- Welche Auswirkungen hat die Globalisierung auf die Lieferkette des Unternehmens?
- Wie wird das Just-in-Time-Management in der Lieferkette umgesetzt?

- Welche Herausforderungen gibt es bei der globalen Beschaffung und wie werden sie bewältigt?
- Wie werden Lieferantinnen ausgewählt und bewertet?
- Welche Rolle spielt die Logistik bei der Umsetzung des Just-in-Time-Managements?
- Wie werden Risiken in der Lieferkette identifiziert und gemanagt?

Gespräche durchführen (30 min)
- Suche dir Kolleginnen aus dem Bereich Supply Chain Management oder Führungskräfte im Unternehmen, die bereit sind, dir Fragen zum Supply Chain Management zu beantworten.
- Führe die Gespräche durch und mache dir Notizen zu den Antworten.

Auswertung (15 min)
- Analysiere die Antworten und versuche, ein Gesamtbild des Supply Chain Managements im Unternehmen zu zeichnen.
- Überlege, wie die verschiedenen Aspekte des Supply Chain Managements zusammenhängen und wie sie zur Effizienz und Effektivität der Lieferkette beitragen.

Reflexion (5 min)
- Wie wird das Supply Chain Management im Unternehmen organisiert und wie beeinflusst das deine Arbeit?
- Welche Auswirkungen hat die Globalisierung auf die Lieferkette des Unternehmens und wie trägst du dazu bei?
- Wie wird das Just-in-Time-Management in der Lieferkette umgesetzt und wie beeinflusst das deine Arbeit?
- Wie werden Lieferantinnen ausgewählt und bewertet und wie arbeitest du mit ihnen zusammen?
- Wie werden Risiken in der Lieferkette identifiziert und gemanagt?

13.5.17 Projektmanagement

Vorbereitung (10 min)
- Welche modernen Projektmanagement-Methoden werden im Unternehmen eingesetzt (z. B. Agile, Scrum, Kanban, Lean)?
- Wie werden Projekte geplant, durchgeführt und überwacht?
- Welche Rolle spielen digitale Tools und Plattformen im Projektmanagement?
- Wie werden Projektteams zusammengestellt und wie wird die Zusammenarbeit gefördert?
- Wie werden Projektziele definiert und wie wird der Projekterfolg gemessen?
- Welche Herausforderungen gibt es bei der Umsetzung von Projekten und wie werden sie bewältigt?
- Wie wird mit Änderungen und Anpassungen während des Projekts umgegangen?

Gespräche durchführen (30 min)
- Suche dir Kolleginnen aus dem Bereich Projektmanagement oder Führungskräfte im Unternehmen, die bereit sind, dir Fragen zum modernen Projektmanagement zu beantworten.
- Führe die Gespräche durch und mache dir Notizen zu den Antworten.

Reflexion (20 min)
- Welche modernen Projektmanagement-Methoden werden im Unternehmen eingesetzt und wie beeinflussen sie deine Arbeit?
- Wie werden Projekte geplant, durchgeführt und überwacht?
- Welche Rolle spielen digitale Tools und Plattformen im Projektmanagement und wie arbeitest du mit ihnen?
- Wie werden Projektteams zusammengestellt und wie wird die Zusammenarbeit gefördert und wie arbeitest du im Team?
- Wie wird mit Änderungen und Anpassungen während des Projekts umgegangen?

13.5.18 Wirtschaftsrecht

Vorbereitung (10 min)
- Welche rechtlichen Rahmenbedingungen sind für das Unternehmen besonders relevant?
- Wie werden Verträge im Unternehmen erstellt und überwacht?
- Welche Rolle spielt das Wirtschaftsrecht bei der täglichen Arbeit und bei strategischen Entscheidungen?
- Wie werden rechtliche Risiken identifiziert und gemanagt?
- Welche Compliance-Anforderungen müssen beachtet werden und wie wird deren Einhaltung sichergestellt?
- Wie werden rechtliche Konflikte gelöst und welche Maßnahmen werden zur Konfliktvermeidung ergriffen?

Gespräche durchführen (30 min)
- Suche dir Kolleginnen aus der Rechtsabteilung oder Führungskräfte im Unternehmen, die bereit sind, dir Fragen zum Wirtschaftsrecht zu beantworten.
- Führe die Gespräche durch und mache dir Notizen zu den Antworten.

Auswertung und Reflexion (20 min)
- Welche rechtlichen Rahmenbedingungen sind für das Unternehmen besonders relevant und wie beeinflussen sie deine Arbeit?
- Wie werden Verträge im Unternehmen erstellt und überwacht und wie trägst du dazu bei?
- Wie werden rechtliche Risiken identifiziert und gemanagt?
- Wie werden rechtliche Konflikte gelöst und welche Maßnahmen werden zur Konfliktvermeidung ergriffen?

13.5.19 Organisationsmanagement

Vorbereitung (10 min)
Beispiele für Fragen könnten sein:

- Wie ist das Unternehmen organisiert und welche Organisationsstrukturen gibt es?
- Welche Prozesse und Abläufe sind im Unternehmen etabliert und wie werden sie gesteuert?
- Wie werden Entscheidungen im Unternehmen getroffen und umgesetzt?
- Welche Rolle spielt das Organisationsmanagement bei der Gestaltung der Unternehmenskultur?
- Wie werden Veränderungen und Anpassungen im Unternehmen umgesetzt?
- Welche Herausforderungen gibt es bei der Organisation des Unternehmens und wie werden sie bewältigt?

Gespräche und Recherche durchführen (30 min)
- Suche dir Kolleginnen aus dem Bereich Organisationsmanagement oder Führungskräfte im Unternehmen, die bereit sind, dir Fragen zum Organisationsmanagement zu beantworten.
- Führe die Gespräche durch und mache dir Notizen zu den Antworten.

Auswertung und Reflexion (15 min)
- Wie ist das Unternehmen organisiert und welche Organisationsstrukturen gibt es und wie beeinflussen sie deine Arbeit?
- Welche Prozesse und Abläufe sind im Unternehmen etabliert und wie werden sie gesteuert?
- Wie werden Entscheidungen im Unternehmen getroffen und umgesetzt und wie arbeitest du damit?
- Welche Rolle spielt das Organisationsmanagement bei der Gestaltung der Unternehmenskultur?
- Wie werden Veränderungen und Anpassungen im Unternehmen umgesetzt und wie trägst du dazu bei?

13.5.20 Budgetplanung

Aufgabe Erstelle einen kleinen Budgetplan für ein fiktives Projekt oder eine Abteilung und stimme diesen mit anderen Praktikantinnen ab, um ein besseres Verständnis für die Budgetplanung im Unternehmen zu entwickeln.

Vorbereitung (10 min)
- Überlege dir ein fiktives Projekt oder eine Abteilung, für das/die du einen Budgetplan erstellen möchtest.
- Mache dir Gedanken über die verschiedenen Kostenpunkte, die in den Budgetplan aufgenommen werden sollten (z. B. Personal, Material, Reisekosten, Marketing).

Budgetplan erstellen (20 min)
- Erstelle einen kleinen Budgetplan für dein fiktives Projekt oder deine Abteilung. Nutze dazu eine Tabelle oder ein Budgetplanungs-Tool.
- Berücksichtige dabei die verschiedenen Kostenpunkte und schätze die Kosten für jeden Punkt.

Abstimmung mit anderen Praktikantinnen und Reflexion (20 min)
Suche dir Kolleginnen im Unternehmen, die bereit sind, deinen Budgetplan zu prüfen und Feedback zu geben.

- Welche verschiedenen Kostenpunkte hast du in deinem Budgetplan berücksichtigt und warum?
- Welches Feedback hast du von deinen Kolleginnen erhalten und wie hast du deinen Budgetplan angepasst?
- Wie kannst du das Gelernte auf deine eigene Arbeit und deine Rolle im Unternehmen anwenden?

13.5.21 Internes und externes Rechnungswesen

Vorbereitung (10 min)
- Wie wird das interne Rechnungswesen im Unternehmen organisiert und welche Berichte werden erstellt?
- Welche Informationen werden für das externe Rechnungswesen benötigt und wie werden sie aufbereitet?
- Wie werden finanzielle Daten gesammelt und analysiert?
- Welche Rolle spielt das Rechnungswesen bei der Entscheidungsfindung im Unternehmen?
- Wie werden finanzielle Risiken identifiziert und gemanagt?
- Welche Unterschiede gibt es zwischen dem internen und externen Rechnungswesen?

Gespräche durchführen (30 min)
- Suche dir Kolleginnen oder Praktikantinnen aus dem Bereich Rechnungswesen oder Führungskräfte im Unternehmen, die bereit sind, dir Fragen zum internen und externen Rechnungswesen zu beantworten.

13.5.22 Internationales Management

Vorbereitung (10 min)
- Wie wird das Internationale Management im Unternehmen organisiert?
- Welche Herausforderungen und Chancen bringt die Internationalisierung für das Unternehmen mit sich?
- Wie werden internationale Märkte analysiert und erschlossen?
- Welche kulturellen und rechtlichen Unterschiede müssen bei der internationalen Geschäftstätigkeit berücksichtigt werden?
- Wie werden internationale Teams geführt und wie wird die Zusammenarbeit über Ländergrenzen hinweg gestaltet?
- Welche Rolle spielen internationale Partnerschaften und Allianzen für das Unternehmen?

Gespräche durchführen (30 min)
- Suche dir Kolleginnen aus dem Bereich Internationales Management oder Führungskräfte im Unternehmen, die bereit sind, dir Fragen zum Internationalen Management zu beantworten.

Reflexion (20 min)
- Wie wird das Internationale Management im Unternehmen organisiert und wie beeinflusst das deine Arbeit?
- Welche Herausforderungen und Chancen bringt die Internationalisierung für deine Arbeit mit sich?

13.5.23 IT-Projektmanagement

Aufgabe: Analysiere ein konkretes IT-Projekt in deinem Unternehmen, um ein besseres Verständnis für das IT-Projektmanagement zu entwickeln und deine Rolle in diesem Projekt zu reflektieren.

Vorbereitung (20 min)
Projektauswahl: Wähle ein konkretes IT-Projekt aus, das aktuell in deinem Unternehmen durchgeführt wird oder kürzlich abgeschlossen wurde. Überlege dir Fragen, die du stellen möchtest, um das IT-Projektmanagement in deinem Unternehmen zu verstehen. Beispiele für Fragen könnten sein:

- Wie wurde das Projekt geplant und welche Projektmanagement-Methoden wurden eingesetzt?
- Welche Tools und Technologien wurden für das Projektmanagement verwendet?
- Wie wurden die Projektziele definiert und wie wurde der Projekterfolg gemessen?

- Wie wurde im Projekt mit schwierigen Situationen und Konflikten umgegangen?
- Wie wurde die Zusammenarbeit im Projektteam gefördert und welche Rolle hast du dabei gespielt?

Interviews durchführen (30 min)
- Suche dir Kolleginnen aus dem Projektteam, die bereit sind, dir Fragen zum IT-Projektmanagement zu beantworten. Ideal sind Projektleiterinnen, Teammitglieder oder andere Beteiligte.
- Führe die Interviews durch und mache dir Notizen zu den Antworten. Achte darauf, sowohl die technischen als auch die organisatorischen Aspekte des Projekts zu erfassen.

Eigene Analyse (30 min)
- Analysiere die Projektdokumentation, falls verfügbar, um ein tieferes Verständnis für die Planung, Durchführung und Ergebnisse des Projekts zu erhalten.
- Reflektiere ggf. deine eigene Rolle im Projekt. Überlege, welche Aufgaben du übernommen hast, welche Herausforderungen du bewältigen musstest und welche Erfolge du erzielt hast.

Reflexion und Diskussion
- Wie wurde das Projekt geplant und welche Projektmanagement-Methoden wurden eingesetzt?
- Welche Tools und Technologien wurden für das Projektmanagement verwendet und wie haben sie zum Projekterfolg beigetragen?
- Wie wurden die Projektziele definiert und wie wurde der Projekterfolg gemessen?
- Wie wurde die Zusammenarbeit im Projektteam gefördert und welche Rolle hast du dabei gespielt?
- Wie kannst du die gewonnenen Erkenntnisse in deiner zukünftigen Arbeit anwenden?

13.5.24 Personalentwicklung

Fallstudie Personalentwicklung und langfristige Bindung von Praktikantinnen: Aufgabe: Analysiere das Onboarding von Studentinnen und die langfristige Bindung von Praktikantinnen in deinem Unternehmen.

Vorbereitung (20 min)
- Wie wurde das Onboarding von Studentinnen geplant und welche Maßnahmen wurden eingesetzt?
- Welche Strategien und Programme werden zur langfristigen Bindung von Praktikantinnen verwendet?
- Wie wurden die Ziele des Praktikums definiert und wie wird der Erfolg gemessen?
- Ein Praktikum sollte immer eine Win-Win-Situation sein. Definiere die Vorteile des Unternehmens und die der Praktikantinnen.

Eigene Rolle reflektieren (40 min)
- Wie wurde das Onboarding von Studentinnen geplant und welche Maßnahmen wurden eingesetzt?
- Welche Strategien und Programme werden zur langfristigen Bindung von Praktikantinnen im Unternehmen verwendet?
- Welche Herausforderungen traten während des Onboardings auf und wie wurden sie bewältigt?
- Welche Optimierungsansätze siehst Du mit Blick auf dein eigenes Erlebnis beim Onboarding?

13.5.25 Innovationsmanagement

Einführung in das Innovationsmanagement (30 min)
- Was versteht man unter Innovationsmanagement? Welche Ziele werden damit verfolgt?
- Informieren Dich über die verschiedenen Arten von Innovationen (z. B. Produktinnovationen, Prozessinnovationen, Dienstleistungsinnovationen).
- Wie wird das Innovationsmanagement in deinem Unternehmen gehandhabt?

Ideengenerierung (30 min)
- Überlege Dir eine kleine Innovation, die Du bei deinem Unternehmen einreichen könntest. Diese Innovation sollte realistisch und mit wenigen Ressourcen umsetzbar sein.
- Nutze Kreativitätstechniken wie Brainstorming oder Mindmapping, um Ideen zu sammeln.
- Wenn Du magst, binde weitere Praktikantinnen – in Abstimmung mit deiner Führungskraft – ein.

Ausarbeitung der Innovation (90 min)
- Beschreibe die Innovation in einer Präsentation. Halte dich dabei an den Umfang eines Elevator Pitch.
- Konkretisiere die Möglichkeiten einer Umsetzung mit einem inhaltlichen und zeitlichen Projektplan
- Berücksichtige Interdependenzen zwischen verschiedenen Abteilungen
- Stelle eine Kosten- und Nutzenanalyse auf. Welcher Mehrwert für das Unternehmen steht am Ende?

13.5.26 Fallstudie Fundraising für ein Praktikum in einer NGO oder einer politischen Organisation

Einführung in das Fundraising (30 min)
- Recherchiere die Grundlagen des Fundraisings in deiner Organisation. Was versteht man unter Fundraising? Welche Ziele werden damit verfolgt?
- Informiere dich über die verschiedenen Arten von Fundraising (z. B. Einzelspenden, Großspenden, Unternehmensspenden, Fundraising-Events).

Analyse des aktuellen Fundraising- und Spendenmanagements deiner Organisation (30 min)
- Lies die Richtlinien und Dokumente deiner Organisation zum Fundraising und Spendenmanagement. Welche Strategien und Methoden werden derzeit eingesetzt?
- Analysiere die Spendendaten der letzten Jahre. Gibt es Trends oder Muster, die auffallen?

Ideengenerierung (30 min)
- Überlege dir, welche neuen Fundraising-Strategien und -Methoden deine NGO einführen könnte. Diese sollten realistisch und umsetzbar sein.
- Nutze Kreativitätstechniken wie Brainstorming oder Mindmapping, um Ideen zu sammeln.
- Binde – in Rücksprache mit deiner Führungskraft – weitere Praktikantinnen ein.

Ausarbeitung der Vorschläge (30 min)
- Beschreibe deine Vorschläge detailliert. Welche Vorteile bringen sie für die NGO? Wie können sie umgesetzt werden?
- Erstelle einen kurzen Projektplan, der die wichtigsten Meilensteine und Verantwortlichkeiten darstellt.
- Mache eine Kosten-Nutzen-Analyse
- Bereite eine kurze Präsentation (max. 5 min) vor, in der du deine Vorschläge vorstellst.

Leseempfehlung

Karunarathne, W., & Calma, A. (2023). Assessing creative thinking skills in higher education: deficits and improvements. *Studies in Higher Education*, *49*(1), 157–177. https://doi.org/10.1080/03075079.2023.2225532

Roy, R. (n.d.). Creative Design and Innovation: How to Produce Successful Products and Buildings. Vereinigtes Königreich: Taylor & Francis.

Erfolgreich Scheitern und eine gute Fehlerkultur

14

In einer sich ständig weiterentwickelnden Arbeitswelt ist es unvermeidlich, dass Fehler auftreten. Eine positive Fehlerkultur, die das Lernen aus Fehlern fördert, ist entscheidend für die persönliche und berufliche Entwicklung. In diesem Kapitel werden wir uns damit beschäftigen, wie man erfolgreich scheitert und eine gute Fehlerkultur aufbaut.

Warum eine gute Fehlerkultur wichtig ist
1. **Lernmöglichkeiten**:
   - Fehler bieten wertvolle Lernmöglichkeiten. Sie zeigen uns, was nicht funktioniert hat und wie wir es beim nächsten Mal besser machen können.
   - Eine Kultur, die Fehler als Lernchancen betrachtet, fördert Innovation und Kreativität.
2. **Vertrauensaufbau**:
   - Wenn Mitarbeiterinnen wissen, dass Fehler nicht bestraft, sondern als Teil des Lernprozesses betrachtet werden, fühlen sie sich sicherer und sind eher bereit, Risiken einzugehen.
   - Dies fördert ein Umfeld des Vertrauens und der Zusammenarbeit.
3. **Innovation und Kreativität**:
   - Eine Kultur, die Fehler akzeptiert, ermutigt Mitarbeiterinnen, neue Ideen auszuprobieren und innovative Lösungen zu finden.
   - Dies kann zu Durchbrüchen und Verbesserungen führen, die sonst nicht möglich wären.

14.1 Wie man erfolgreich scheitert

1. **Akzeptanz**: Akzeptiere, dass Fehler ein natürlicher Teil des Lern- und Entwicklungsprozesses sind. Vermeide es, dich selbst oder andere für Fehler zu verurteilen.
2. **Analyse**: Analysiere den Fehler gründlich, um die Ursachen zu verstehen. Frage dich: Was ist schiefgelaufen? Warum ist es schiefgelaufen? Wie kann es in Zukunft vermieden werden?
3. **Lernen und Anpassen**: Nutze die Erkenntnisse aus der Analyse, um deine Arbeitsweise anzupassen und zu verbessern. Entwickle Strategien, um ähnliche Fehler in Zukunft zu vermeiden.
4. **Kommunikation**: Teile deine Erfahrungen und Erkenntnisse mit deinem Team. Dies fördert eine Kultur des offenen Austauschs und der kontinuierlichen Verbesserung.

14.2 Erste Hilfe-Checkliste für Praktikantinnen: Umgang mit eigenen Fehlern

1. **Ruhe bewahren**: Atme tief durch und bewahre die Ruhe. Panik führt selten zu guten Lösungen.
2. **Fehler eingestehen**: Stehe zu deinem Fehler und kommuniziere ihn offen an deine Vorgesetzten oder Mentorinnen.
3. **Analyse des Fehlers**: Untersuche den Fehler gründlich. Was ist passiert? Warum ist es passiert?
4. **Lösungsansätze entwickeln**: Überlege, wie der Fehler behoben werden kann und wie ähnliche Fehler in Zukunft vermieden werden können.
5. **Feedback einholen**: Bitte um Feedback von deinen Kolleginnen und Vorgesetzten. Wie hätten sie die Situation gehandhabt?
6. **Lernprozess dokumentieren**: Dokumentiere den Fehler und die daraus gezogenen Lektionen in deinem Praktikumstagebuch.
7. **Kommunikation mit dem Team**: Teile deine Erfahrungen und Lektionen mit deinem Team, um eine Kultur des Lernens und der Verbesserung zu fördern.
8. **Selbstreflexion**: Nimm dir Zeit, um über den Fehler und deine Reaktion darauf nachzudenken. Was hast du gelernt? Wie kannst du dich verbessern?
9. **Positive Einstellung bewahren**: Sieh den Fehler als Lernchance und nicht als Misserfolg. Eine positive Einstellung hilft dir, schneller wieder auf die Beine zu kommen.
10. **Weiterentwicklung planen**: Entwickle einen Plan, wie du die gewonnenen Erkenntnisse in deiner zukünftigen Arbeit anwenden kannst.

14.3 Checkliste für den Umgang mit Fehlern Anderer

1. **Empathie zeigen**: Versuche, die Perspektive der anderen Person zu verstehen. Empathie kann helfen, die Situation zu entschärfen.
2. **Konstruktives Feedback geben**: Gib konstruktives Feedback, das auf die Verbesserung der Situation abzielt, anstatt die Person zu kritisieren.
3. **Lösungsorientiert denken**: Konzentriere dich darauf, Lösungen zu finden, anstatt Schuld zuzuweisen.
4. **Unterstützung anbieten**: Biete deine Unterstützung an, um gemeinsam eine Lösung zu finden.
5. **Kommunikation fördern**: Ermutige die Person, über den Fehler zu sprechen und Lösungen zu diskutieren.
6. **Lernprozess dokumentieren**: Dokumentiere den Fehler und die daraus gezogenen Lektionen, um zukünftige Fehler zu vermeiden.
7. **Teamreflexion**: Führe eine Teamreflexion durch, um gemeinsam aus dem Fehler zu lernen und die Zusammenarbeit zu verbessern.
8. **Positive Einstellung fördern**: Ermutige eine positive Einstellung und betrachte den Fehler als Lernchance.
9. **Weiterentwicklung planen**: Entwickle gemeinsam einen Plan, wie die gewonnenen Erkenntnisse in der zukünftigen Arbeit angewendet werden können.
10. **Vertrauen stärken**: Stärke das Vertrauen in die Fähigkeiten der Person und ermutige sie, weiterhin Risiken einzugehen und zu lernen.

Eine gute Fehlerkultur ist entscheidend für den Erfolg eines Unternehmens und die persönliche Entwicklung der Mitarbeiterinnen. Indem wir Fehler als Lernchancen betrachten und eine Kultur des offenen Austauschs und der kontinuierlichen Verbesserung fördern, können wir eine Umgebung schaffen, in der Innovation und Kreativität gedeihen. Nutze die Checklisten, um erfolgreich mit Fehlern umzugehen und eine positive Fehlerkultur zu fördern.

Leseempfehlung

Junge, M. (2004). *Scheitern: Ein unausgearbeitetes Konzept soziologischer Theoriebildung und ein Vorschlag zu seiner Konzeptualisierung*. VS Verlag für Sozialwissenschaften.

Watzlawick, P. (1988). *Ultra-solutions: How to fail most successfully*. WW Norton & Co.

Sasley, B. E. (2010). Teaching students how to fail: Simulations as tools of explanation. *International Studies Perspectives, 11*(1), 61–74.

https://www.zeit.de/campus/2016-05/cv-of-failures-johannes-haushofer-professor-princeton-scheitern

15 Erste Hilfe bei unerwarteten Herausforderungen im Praktikum

Ein Praktikum kann eine nicht nur lehrreiche, sondern auch aufregende Erfahrung sein. Und es kann unerwartete Herausforderungen mit sich bringen. In diesem Kapitel geben wir dir Tipps und Strategien, wie du mit diesen Herausforderungen umgehen kannst, um das Beste aus deinem Praktikum herauszuholen.

15.1 Fachliche Herausforderungen im Praktikum souverän meistern

Fachliche Herausforderungen sind ein natürlicher Teil jedes Praktikums. Sie bieten dir die Möglichkeit, deine Fähigkeiten zu erweitern und neues Wissen zu erwerben. Hier sind einige Strategien, wie du diese Herausforderungen meistern kannst. Wenn Du Fragen hast, zögere nicht diese den Verantwortlichen im Unternehmen zu stellen. Denn du bist als Praktikantin hier, um zu lernen.

Fehler können und dürfen bei deiner Arbeit passieren. Versuche aber, die Wiederholung eines Fehlers zu vermeiden (siehe Kap. 14).

Setze dir klare **Lernziele**: Definiere, was du während deines Praktikums lernen möchtest. Dies hilft dir, dich auf deine Ziele zu konzentrieren und motiviert zu bleiben.

Stelle **Fragen**: Deine Kolleginnen und Vorgesetzten sind da, um dir zu helfen. Es gibt keine dummen oder falschen Fragen.

Nutze **Ressourcen**: Nutze alle verfügbaren Ressourcen, wie interne Dokumente, Intranet, Schulungen und Online-Kurse, um dein Wissen zu erweitern.

Suche dir **Mentorinnen**: Finde erfahrene Kolleginnen, die dich unterstützen und beraten können. Mentorinnen können dir wertvolle Einblicke und Ratschläge geben.

Reflektiere regelmäßig: Dies hilft dir, deine Stärken und Schwächen zu erkennen und deine Lernziele anzupassen.

Nutze **Feedback**: Bitte um regelmäßiges Feedback von deinen Kolleginnen und Vorgesetzten. Dies hilft dir, deine Fähigkeiten zu verbessern und dich weiterzuentwickeln.

Arbeite in Absprache mit deinen Ansprechpartnerinnen mit verschiedenen **Abteilungen** zusammen: Nutze die Gelegenheit, mit verschiedenen Abteilungen zusammenzuarbeiten, um ein breites Verständnis für das Unternehmen zu entwickeln.

Nutze **Technologie** und Tools: Lerne die Technologien und Tools kennen, die im Unternehmen eingesetzt werden. Dies kann dir helfen, effizienter zu arbeiten und neue Fähigkeiten zu erwerben. Binde KI – die in deinem Unternehmen genutzt wird – aktiv, bewusst und reflektiert in deine Arbeit ein.

15.2 Mit herausfordernden Kolleginnen umgehen

Herausfordernde Kolleginnen können eine Quelle von Stress und Frustration sein, aber sie bieten auch die Möglichkeit, deine sozialen Fähigkeiten zu verbessern. Hier sind einige Strategien, wie du mit herausfordernden Kolleginnen umgehen kannst:

Empathie zeigen: Versuche, die Perspektive deiner Kolleginnen zu verstehen.

Aktives Zuhören: Höre aktiv zu und zeige Interesse an den Meinungen und Ideen deiner Kolleginnen.

Konstruktives Feedback geben und empfangen: Gib konstruktives Feedback und sei offen für Feedback von deinen Kolleginnen.

Konfliktlösungsstrategien anwenden: Lerne und wende Konfliktlösungsstrategien an, um Herausforderungen mit Kolleginnen zu bewältigen.

Baue **Netzwerke** und Beziehungen zu deinen Kolleginnen auf.

15.3 Für schwierige Führungskräfte arbeiten

Schwierige Führungskräfte können eine besondere Herausforderung darstellen, aber sie bieten auch die Möglichkeit, deine eigenen Führungsfähigkeiten zu entwickeln. Hier sind einige Strategien, wie du mit schwierigen Führungskräften umgehen kannst:

Verständnis zeigen: Versuche, die Perspektive deiner Führungskraft zu verstehen.

Klare Kommunikation: Kommuniziere klar und effektiv mit deiner Führungskraft.

Feedback einholen und geben: Bitte um regelmäßiges Feedback von deiner Führungskraft und gib auch selbst Feedback.

Anpassungsfähigkeit zeigen: Sei anpassungsfähig und offen für Veränderungen. Aber du musst dich dabei nicht „verbiegen".

Lösungsorientiert denken: Suche nach Wegen, um Herausforderungen zu bewältigen.

Netzwerke nutzen: Nutze deine Netzwerke und Beziehungen, um Unterstützung zu finden und gemeinsam Ziele zu erreichen.

15.4 Was tun bei Bossing oder Mobbing

Mobbing und Bossing sind Formen von psychischer Gewalt am Arbeitsplatz, die sich in verschiedenen Verhaltensweisen äußern können. Hier sind einige Anzeichen und Strategien, wie du dich als Praktikantin schützen kannst:

15.4.1 Anzeichen von Mobbing und Bossing

Mobbing
- Systematische Schikane oder Ausgrenzung durch Kollegen.
- Häufige Kritik, die sachlich nicht gerechtfertigt ist.
- Verbreitung von Gerüchten oder Lügen über dich.
- Sozialer Ausschluss oder Ignorieren.
- Zuweisung sinnloser oder unmöglicher Aufgaben.

Bossing
- Unangemessenes Verhalten von Vorgesetzten, wie ständige ungerechtfertigte Kritik.
- Übermäßige Kontrolle oder Mikromanagement.
- Zuweisung von Aufgaben, die weit unter oder über deiner Qualifikation liegen.
- Öffentliche Bloßstellung oder Demütigung.

15.4.2 Erste Hilfe und Selbstschutz:

- **Dokumentation**: Führe ein Tagebuch, in dem du Vorfälle mit Datum, Uhrzeit, Ort, beteiligten Personen und einer Beschreibung des Vorfalls festhältst.
- Suche **Unterstützung**: Sprich mit vertrauenswürdigen Kollegen, Freunden oder Familie über deine Erfahrungen.
- Nutze **betriebliche Angebote** wie Betriebsräte, Personalabteilungen oder betriebliche Sozialdienste.
- **Professionelle Hilfe**: Suche bei Bedarf professionelle Hilfe, z. B. durch Beratungsstellen oder Psychologen.
- **Selbstbewusstsein** stärken: Besuche Seminare oder Workshops zum Thema Selbstbehauptung oder Kommunikation. Stärke dein Selbstbewusstsein durch positive Selbstgespräche und Anerkennung deiner eigenen Leistungen.
- **Rechtliche Schritte**: Informiere dich über deine Rechte und die betrieblichen sowie gesetzlichen Möglichkeiten, gegen Mobbing vorzugehen. In schweren Fällen kann eine rechtliche Beratung oder das Einschalten eines Anwalts notwendig sein.
- Nimm dir Zeit für **Aktivitäten**, die dir Freude bereiten und dich entspannen.

Mobbing und Bossing sind ernstzunehmende Probleme, die gesundheitliche Folgen haben können. Es ist wichtig, frühzeitig zu handeln und sich Unterstützung zu suchen. Du bist nicht allein, und es gibt Hilfe.

15.5 Im falschen Praktikum gelandet? Mach das Beste daraus!

Manchmal kann es vorkommen, dass du das Gefühl hast, im falschen Praktikum gelandet zu sein. Aber auch in solchen Situationen gibt es Möglichkeiten, das Beste daraus zu machen:

- **Experiential Learning**: Du kannst dennoch die meisten Aufgaben aus diesem Buch selbstständig bearbeiten und lösen.
- **Positive Einstellung bewahren**: Bewahre eine positive Einstellung und versuche, das Beste aus der Situation zu machen.
- **Lernmöglichkeiten suchen**: Suche nach Lernmöglichkeiten und neuen Herausforderungen.
- **Netzwerke aufbauen**: Baue Netzwerke und Beziehungen zu deinen Kolleginnen auf.
- **Flexibilität zeigen**: Sei flexibel und offen für neue Erfahrungen. Dies kann helfen, neue Fähigkeiten zu erwerben und wertvolle Erfahrungen zu sammeln.
- **Reflektiere regelmäßig**: Was hast Du gelernt? Wie kannst Du es anwenden?
- **Feedback nutzen**: Bitte um regelmäßiges Feedback von deinen Kolleginnen und Vorgesetzten.

15.6 Wenn alle Stricke reißen: Kündige!

Es kann vorkommen, dass am Ende alle Strategien nicht fruchten und das Praktikum zu einer großen Belastung für die körperliche und psychische Gesundheit wird. Dann sollte man kündigen. Alarmzeichen sind: Deine körperliche und psychische Gesundheit leiden. Zum Beispiel kannst du in deiner Freizeit nicht abschalten, leidest an Schlafstörungen, Ängsten, Gedankenkreisen, negativer Stimmung über mehrere Tage hinweg.

Was ist zu beachten: Kündigungsfristen prüfen: Diese stehen im Arbeitsvertrag. Wenn du dich krank fühlst, lass dich entsprechend krankschreiben. Deine Kündigung muss in Schriftform erfolgen.

Das Beenden eines Praktikums aus Gründen der Selbstfürsorge ist kein Versagen. Deine Gesundheit und dein Wohlbefinden sollten immer an erster Stelle stehen. Und ganz im Gegenteil kann die Kündigung ein souveräner und selbstbewusster Schritt nach vorne sein, ein Befreiungsschlag, der im Kopf Raum für neue Perspektiven schafft.

Leseempfehlungen

Ury, W. (2007) The Power of a Positive No: How to Say No and Still Get to Yes. New York: Bantam Books.

Ury, W. (2015) Getting To Yes with Yourself: And Other Worthy Opponents. New York: Harper Business.

Seibold, S. (2022). *Stress, Mobbing und Burn-out: Umgang mit Leistungsdruck—Belastungen im Beruf meistern*. Springer Berlin/Heidelberg.

16 Die Bedeutung von Career Services und deren Angebote für deine Karriere

Career Services[1] an den Hochschulen und z. B. Fachschaften bieten hervorragende Möglichkeiten, um Kontakte zu knüpfen, Jobs zu finden und die eigenen Chancen bei Bewerbungen zu verbessern.

Netzwerkaufbau
- **Kontakte knüpfen:** Career Events und studentische Organisationen bieten dir die Möglichkeit, mit Fachleuten, Alumni und anderen Studentinnen in Kontakt zu treten. Diese Kontakte können dir helfen, zukünftige Jobmöglichkeiten zu erschließen und von den Erfahrungen anderer zu lernen.
- **Mentoring:** Viele Career Services bieten Mentoring-Programme an, bei denen du von erfahrenen Fachleuten lernen und dich beraten lassen kannst.

Jobsuche
- **Stellenangebote:** Auf Career Events sind die Unternehmen vor Ort, die aktiv nach neuen Talenten aus deiner Hochschule suchen. Dies ist eine großartige Gelegenheit, um dich über offene Stellen zu informieren und direkt mit potenziellen Arbeitgeberinnen zu sprechen.
- **Praktika und Werkstudentinnentätigkeiten:** Viele Unternehmen bieten Praktika und Werkstudentinnentätigkeiten an, die dir helfen können, praktische Erfahrungen zu sammeln und deine Karrierechancen zu verbessern. Zudem findest du viele Stellen in der Jobbörse der Career Services. Unternehmen, die dort inserieren, suchen explizit an deiner Hochschule nach Bewerberinnen.

---

[1] Z. B.: www.lmu.de/career-service.

Bewerbungschancen verbessern
- **Workshops und Seminare:** Career Events bieten oft Workshops und Seminare an, die dir helfen können, deine Bewerbungsunterlagen zu verbessern, Interviewtechniken zu lernen und dich auf Assessment-Center vorzubereiten.
- **Feedback:** Du kannst direktes Feedback von Personalverantwortlichen und anderen Fachleuten erhalten, was dir hilft, deine Bewerbungsstrategien zu optimieren.
- **Persönliche Beratungsangebote:** Viele Career Services haben ein umfassendes Angebot, um dich zu Themen wie Studienfinanzierung, Karriereplanung während und nach dem Studium, zu Praktika im Ausland zu beraten.

Checkliste – Vor- und Nachbereitung auf ein Career Event

Career Events bieten dir eine einzigartige Plattform, um wertvolle Kontakte zu knüpfen, Einblicke in verschiedene Branchen zu gewinnen und sich über aktuelle Trends und Anforderungen des Arbeitsmarktes zu informieren. Durch die Teilnahme an solchen Veranstaltungen kannst du dein Netzwerk erweitern, Bewerbungsfähigkeiten verbessern, indem du direktes Feedback von Personalverantwortlichen erhältst. Zudem bieten Career Events oft Workshops und Vorträge, die dabei helfen, wichtige Soft Skills wie Kommunikation, Teamarbeit und Problemlösungsfähigkeiten zu entwickeln. Diese Erfahrungen und Kontakte können entscheidend sein, um den Einstieg in die Berufswelt zu erleichtern und langfristige Karrierechancen zu verbessern.

1. **Recherche**: Informiere dich über die teilnehmenden Unternehmen und deren Stellenangebote.
2. **Zielsetzung**: Setze dir klare Ziele, was du vom Event mitnehmen möchtest (z. B. bestimmte Kontakte knüpfen, Informationen über bestimmte Unternehmen sammeln).
3. **Bewerbungsunterlagen**: Aktualisiere deinen Lebenslauf und dein Anschreiben. Habe beides digital griffbereit.
4. **Elevator Pitch**: Übe einen kurzen Elevator Pitch, der dich und deine Ziele prägnant darstellt.
5. **Kleidung**: Wähle angemessene Kleidung, die zum Dresscode des Events passt.
6. **Fragen vorbereiten**: Überlege dir Fragen, die du den Unternehmen stellen möchtest.
7. **Netzwerkstrategie**: Plane, welche Personen oder Unternehmen du gezielt ansprechen möchtest.
8. **Social Media**: Aktualisiere dein LinkedIn-Profil und vernetze dich mit den teilnehmenden Unternehmen und Personen.
9. **Event- / Career-Service-App**: Nutze die Event-App, um dich über das Programm und die teilnehmenden Unternehmen zu informieren.
10. **Notizbuch**: Nimm ein Notizbuch mit, um wichtige Informationen und Kontakte zu dokumentieren.
11. **Feedback einholen**: Bitte um Feedback der Recruiterinnen vor Ort, um deine Strategien zu verbessern.

12. **Zeitmanagement**: Plane deinen Tag sorgfältig, um alle wichtigen Veranstaltungen und Gespräche zu besuchen.
13. **Zielgruppenanalyse**: Analysiere die Zielgruppen der teilnehmenden Unternehmen, um gezielt Kontakte zu knüpfen.
14. **Netzwerkveranstaltungen**: Besuche zusätzliche Netzwerkveranstaltungen, um deine Kontakte zu erweitern. Nimm im Nachgang z. B. über LinkedIn mit den Personen Kontakt auf, die du getroffen hast.

17 LinkedIn und ähnliche Plattformen für deine Karriere nutzen

LinkedIn ist ein gutes Werkzeug für den Aufbau beruflicher Netzwerke und die Jobsuche. Es bietet dir die Möglichkeit, mit Fachleuten, Recruiterinnen und potenziellen Arbeitgeberinnen in Kontakt zu treten. In diesem Kapitel werden wir uns damit beschäftigen, wie du LinkedIn effektiv nutzen kannst, um vor einer Bewerbung sinnvoll Kontakt zu Verantwortlichen und Recruiterinnen herzustellen.

17.1 Grundlegendes

1. **Netzwerkaufbau:** LinkedIn ermöglicht es dir, mit Fachleuten, Alumni und anderen Studentinnen in Kontakt zu treten. Diese Kontakte können dir helfen, zukünftige Jobmöglichkeiten zu erschließen und von den Erfahrungen anderer zu lernen.
2. **Jobsuche:** Viele Unternehmen bieten Praktika und Werkstudentinnentätigkeiten an, die dir helfen können, praktische Erfahrungen zu sammeln und deine Karrierechancen zu verbessern.
3. **Bewerbungschancen verbessern:** Profiloptimierung: Ein gut optimiertes LinkedIn-Profil kann deine Bewerbungschancen erheblich verbessern. Es zeigt potenziellen Arbeitgeberinnen deine Fähigkeiten, Erfahrungen und beruflichen Ziele. Empfehlungen: Empfehlungen von Kollegen und Vorgesetzten können dein Profil stärken und deine Glaubwürdigkeit erhöhen. Frag Deine Kolleginnen danach, ob sie dir eine solche Empfehlung aussprechen.

17.2 Tipps zur Kontaktaufnahme auf LinkedIn

Profil optimieren Stelle sicher, dass dein Profil vollständig und aktuell ist. Nutze ein professionelles Profilbild und ein ansprechendes Hintergrundbild.

Zielsetzung Setze dir klare Ziele, was du auf LinkedIn erreichen möchtest (z. B. bestimmte Kontakte knüpfen, Informationen über bestimmte Unternehmen sammeln).

Recherche Informiere dich über die Unternehmen und Personen, die dich interessieren. Nutze die Suchfunktion, um relevante Kontakte zu finden.

Netzwerkstrategie Plane, welche Personen oder Unternehmen du gezielt ansprechen möchtest.

Inhalte teilen Teile relevante Inhalte und Artikel, um deine Expertise und Interessen zu zeigen.

Gruppen beitreten Tritt LinkedIn-Gruppen bei, die zu deinen Interessen und beruflichen Zielen passen.

Empfehlungen einholen Bitte Kollegen und Vorgesetzte um Empfehlungen, um dein Profil zu stärken.

Nachrichten schreiben Schreibe persönliche Nachrichten an potenzielle Kontakte, um dich vorzustellen und deine Interessen zu erklären.

Inhalte kommentieren Kommentiere und interagiere mit Inhalten von Personen, die dich interessieren.

Netzwerkveranstaltungen Besuche zusätzliche Netzwerkveranstaltungen, um deine Kontakte zu erweitern.

Vernetzung auf/nach Veranstaltungen Nach einer Netzwerkveranstaltung oder einem Career Event solltest du dich umgehend mit den Personen, die du dort kennengelernt hast, auf LinkedIn vernetzen. Dies ist eine wertvolle Gelegenheit, um die Verbindung zu festigen und über einen professionellen Kanal in Kontakt zu bleiben.

Direkt vor einer Bewerbung Ebenso kannst du im Vorfeld einer Bewerbung gezielt Kontakt zu Unternehmensvertreterinnen aufnehmen (z. B. zu Recruiterinnen oder Alumni deiner Universität). Bei deiner späteren Bewerbung kannst Du auf diesen ersten Kontakt verweisen. Namedropping ist ein wichtiger Door-Opener.

Leseempfehlung

Koß, S., Wolff, C. (2024). Netzwerken mit XING und LinkedIn für Dummies. Deutschland: Wiley.

Praktikums- / Arbeitszeugnis

18

Das Zeugnis ist ein wichtiges Dokument, das deine Leistungen und Erfahrungen während des Praktikums zusammenfasst. Es dient als Nachweis deiner Fähigkeiten und kann bei zukünftigen Bewerbungen eine entscheidende Rolle spielen.

Rechtlicher Anspruch
- Insbesondere in Deutschland haben Praktikantinnen einen gesetzlichen Anspruch auf ein Praktikumszeugnis.
- Es muss zeitnah nach Beendigung des Praktikums ausgestellt werden.
- Falls dein Zeugnis keine Bewertungen deiner Arbeitsleistung enthält, bitte um ein qualifiziertes Zeugnis.

Inhalt des Zeugnisses
- Ein Praktikumszeugnis muss eine vollständige Beschreibung deiner Aufgaben, Verantwortlichkeiten und Leistungen enthalten.
- Ein qualifiziertes Zeugnis muss auch eine Bewertung deiner Arbeitsweise, deiner sozialen Kompetenzen und deiner fachlichen Fähigkeiten beinhalten.

Formelle Anforderungen
- Das Zeugnis muss auf dem offiziellen Briefpapier des Unternehmens ausgestellt sein.
- Das Datum der Ausstellung muss dem Datum der Beendigung des Praktikums entsprechen.

Bewertung der Leistungen
- Das Zeugnis sollte eine faire und ausgewogene Bewertung deiner Leistungen enthalten.
- Dem Gesetz nach muss es wahrheitsgemäß sein, wohlwollend und darf dich nicht in deiner beruflichen Entwicklung benachteiligen.

Schlüsselbegriffe für ein gutes bis sehr gutes Zeugnis
- Sehr gute Leistungen: „Hervorragend", „Ausgezeichnet", „Überdurchschnittlich", „Stets zu unserer vollsten Zufriedenheit".
- Gute Leistungen: „Gut", „Zu unserer vollen Zufriedenheit", „Stets engagiert und motiviert".
- Durchschnittliche Leistungen: „Zu unserer Zufriedenheit", „Erfüllte die Anforderungen", „Arbeitete zuverlässig".
- Das Wort stets ist besonders wichtig, da es auf eine über die Zeit solide und zuverlässige Qualität deiner Arbeit hinweist.
- Wenn signifikante Leistungen, wie z. B. dein Engagement in einem Projekt, besonders hervorgehoben werden, ist es ein besonders gutes Zeichen.
- Achte darauf, dass das Zeugnis mit einer Dankesformel und guten Wünschen für die Zukunft endet. (z. B. „Das Praktikum endet zum vereinbarten Zeitraum. Wir bedanken uns für die stets gute Zusammenarbeit und wünschen ihr für die persönliche und berufliche Zukunft alles Gute.")

Authentizität
Zeugnisse im Notenbereich 1 bis 2 können bedenkenlos jeder Bewerbung beigelegt werden. Ein authentisches Zweierzeugnis, das individuelle Leistungen betont ist häufig mehr wert als ein Einser Zeugnis von der Stange. Das Thema Arbeitszeugnis ist inzwischen eine Wissenschaft für sich. Das heißt, im Rahmen dieses kurzen Abschnitts kann es nicht abschließend behandelt werden. Abschließend sei angemerkt, dass die Bedeutung des Arbeitszeugnisses in internationalen Kontexten zunehmend schwindet.

Zu Guter Letzt 19

Wir hoffen, dass dir dieses Buch wertvolle Einblicke und Inspiration in dein Praktikum gegeben hat. Mit jeder Bewerbung, mit jedem Praktikum machst du einen wichtigen Schritt auf deinem beruflichen Weg. In jedem Praktikum gibt es viel zu lernen. Auch wenn nicht immer alles ganz nach Plan läuft.

Jedes Praktikum ist eine einzigartige Gelegenheit, theoretisches Wissen in die Praxis umzusetzen, neue Fähigkeiten zu erwerben und wertvolle Kontakte zu knüpfen. Diese Erfahrungen werden dir nicht nur in deinem weiteren Studium, sondern auch in deinem zukünftigen beruflichen und auch persönlichen Leben von großem Nutzen sein.

Für Feedback, für künftige Auflagen und für Ideen zu weiteren Kompass-Büchern für Studentinnen haben wir stets ein offenes Ohr: careerservice@lmu.de.

MIX
Papier aus verantwortungsvollen Quellen
Paper from responsible sources
FSC® C105338

If you have any concerns about our products,
you can contact us on
ProductSafety@springernature.com

In case Publisher is established outside the EU,
the EU authorized representative is:
**Springer Nature Customer Service Center GmbH
Europaplatz 3, 69115 Heidelberg, Germany**

Printed by Libri Plureos GmbH
in Hamburg, Germany